Schleswig-Holstein
Literaturland im Norden

Olaf Irlenkäuser | Martin Lätzel (Hg.)

Schleswig-Holstein
Literaturland im Norden

Von Achterwehr bis Wrist,
von Andersen bis Zaimoglu

Wachholtz

Verlag und Herausgeber bedanken sich für die großzügige Förderung dieser Publikation bei der Sparkassenstiftung Schleswig-Holstein.

1. Auflage 2021
© 2021 Wachholtz Verlag, Kiel/Hamburg

ISBN 978-3-529-05068-8

Gesamtherstellung: Wachholtz Verlag
Satz: Dörlemann Satz GmbH & Co. KG, Lemförde

Titelbild: unsplash/Kenrick Mills
Printed in Europe

Besuchen Sie uns im Internet unter:
www.wachholtz-verlag.de

INHALT

Ostholstein, Plön

VORWORT

100 Autorinnen und Autoren, 100 Orte.

Schleswig-Holstein ist mehr als »meerumschlungen«. Zwischen Nord- und Ostsee, zwischen Elbe und Krusau liegt ein lebendiges kulturelles Land. Dazu gehört eine umfangreiche und durchaus beachtenswerte literarische Tradition. Schleswig-Holstein war schon immer und ist auch heute ein Transitland, es schlägt eine Brücke zwischen Skandinavien und dem restlichen Kontinent. Durch die Jahrtausende hindurch war es von Bewegung geprägt, die sich in seiner Literatur ebenso niederschlägt wie die Meere. Die Bewegung brachte Begegnungen und vielfältige Inspirationen. Natürlich gab es eine ebenso bewegte Geschichte, die sich ebenfalls in der Literatur widerspiegelt.

Offenkundig ist das »Brückenland« Schleswig-Holstein kulturell geographisch geprägt, vor allem von den beiden Polen am nördlichen und am südlichen Rand – von Kopenhagen und von Hamburg. Über Jahrhunderte hinweg gaben insbesondere Dänemark und die Hansestadt den kulturellen Takt im Lande vor – mit kleineren Melodien aus Gottorf, Eutin, Husum oder Emkendorf. Die Kunst in Schleswig-Holstein ist in gewisser Weise peripher und gerade das macht sie besonders reizvoll. Das Land liegt zwischen den großen Zentren und befindet sich in einem ständigen Austausch. Gleichzeitig gibt die vielfältige Kulturlandschaft die nötigen Impulse. Das gilt insbesondere für die reiche Literatur, die hier im Norden entstanden ist. Wenn man bedenkt, dass Matthias Claudius teilweise im heute zu Hamburg gehörenden

Wandsbek gelebt hat und einen Ehrensold vom dänischen König erhielt, Hans Christian Andersen zu Besuch war (am Alten Markt in Kiel findet sich bis heute eine Gedenkplatte), Jens Immanuel Baggesen nach einer langen Reise durch Europa in Kiel lebte und dort auch begraben ist, dann zeigt sich die tiefe Verbindung mit Dänemark. Aber nicht nur nach Norden und in die nahe Hansestadt geht der Blick: Paul Fleming kam aus Sachsen, wirkte aber auf Schloss Gottorf, Fontane war hier, Andrea Paluch kommt aus Hannover, wohnt und schreibt jetzt aber an der dänischen Grenze. Die Liste mit bekannten Namen Wandernder und Zuwandernder könnte man beliebig fortsetzen und sie hilft, das Land und seine literarische Tradition besser zu verstehen. Sie alle haben Texte verfasst, die ein Teil von Schleswig-Holstein geworden sind. Dabei lebt die Literatur des Landes doch auch weit über diese Grenzen hinaus: Denn zu den Texten aus dem Land gehören auch Berichte über große Reisen nach Russland oder Arabien sowie Lyrik, deren dichterischer Raum weit über einen beschriebenen konkreten Ort hinaus weist. Zum Land gehören die »Ausgewanderten«, die Literatur, Kultur und Gesellschaft an anderen Orten beeinflusst haben, wie u. a. Harro Harring, Franziska zu Reventlow, Detlev von Liliencron oder Thomas und Heinrich Mann. Wir begegnen denjenigen Autorinnen und Autoren, die von »außerhalb« kamen und ihre Eindrücke mitgenommen haben, wie Hans Christian Andersen, Theodor Fontane oder Günter Grass. Nun ja, er blieb und fand in Lübeck sein neues Danzig. So entstand gewissermaßen »Weltliteratur« aus dem Norden. Die schleswig-holsteinische Literatur ist keineswegs beschränkt auf die engen Landesgrenzen.

Wir wollen Ihnen mit diesem Buch eine Art Lesebuch an die Hand geben, das diese Vielfalt abbildet, mit eigenen Stimmen des

Nordens von der Frühen Neuzeit bis in die unmittelbare Gegenwart. Wer erinnert sich nicht an den Deutschunterricht mit den im Lesebuch versammelten Fragmenten, Kurzgeschichten, Gedichten usw. Wenn der Unterricht langweilte, konnte man zumindest unter dem Tisch weiterlesen und dabei so manche überraschende Entdeckung machen. Diese Entdeckungen möchten wir mit dem hier vorliegenden Band auch ermöglichen und zum Nachdenken anregen. Gibt es denn eine »schleswig-holsteinische Literatur«? Oder doch eher eine Literatur aus Schleswig-Holstein? Oder vielleicht eher eine ansehnliche Literatur in Schleswig-Holstein? Was macht den »Raum der Literatur«, die »Literatur im Raum« aus? Gibt es Verbindendes über die Zeiten hinweg? Gibt es Typisches? Gibt es Besonderes, was die Literatur Schleswig-Holsteins von derjenigen anderer Regionen Deutschlands unterscheidet? Wir wollen keine Antworten geben, sondern zur Entdeckung einladen. Die Landschaft, die Kultur und die Tradition prägen dieses Land und prägen die Literatur aus und über Schleswig-Holstein. Vor allem aber wird die Literatur geprägt durch die Menschen, die sie erschaffen, und die wiederum werden geprägt von dem Ort, an dem sie leben. Schleswig-Holstein ist mehr als meerumschlungen, es ist ein weites, offenes Land.

Olaf Irlenkäuser, Martin Lätzel
Kiel, im Juli 2021

NORDFRIESLAND

Der touristische Bekanntheitsgrad der nordfriesischen Inseln ist wahrscheinlich nur schwer zu übertreffen. Der Dreiklang Sylt – Amrum – Föhr hält vor allem im Sommer die ganze Region in Atem. Die Inseln wie auch die Städte auf dem Festland und die Halligen haben eine reiche literarische Tradition vorzuweisen: In Husum ist Theodor Storm unbestritten der Platzhirsch, seine Spuren im ganzen Land sind riesig: Vom Schimmelreiter am Nordseedeich aus reicht sein Einfluss bis weit über die Region und das heutige Bundesland hinaus – bis heute. Anna Ovena Hoyer von Hoyersworth auf Eiderstedt war im Barock eine der ersten Dichterinnen des Landes, die Handschrift ihrer geistlichen Lieder wird heute in Kopenhagen aufbewahrt.

Was haben allein die Namen der Ortschaften für einen – akustischen, touristischen, historischen wie kulturellen – Klang: Keitum, Husum, Büsum, Friedrichstadt, St. Peter-Ording, Nordstrand – nicht zu vergessen die Halligen Oland oder Hooge; selbst Pellworm hat zahlreiche Spuren in der Literatur hinterlassen: Detlev von Liliencron war hier Hardesvogt, Jochen Missfeldt und Wilhelm Lehmann sind in diesem Band mit Texten über Pellworm vertreten. Kein Wunder also, dass besonders diese Region Schleswig-Holsteins Schriftstellerinnen und Schriftsteller aus dem ganzen Land anzog und bis heute anzieht. Theodor Fontane war, wie er selbst schrieb, »Feuer und Flamme« für Schleswig-Holstein, er war besonders beeindruckt von den Bestrebungen des Jahres 1848, aber er schrieb auch einen Bericht über den Deutsch-Dänischen Krieg 1864. Hans Christian Andersen war häufig in Nordfriesland und hat – so schreibt es der Göttinger Germanist Heinrich Detering – »den wilden Westen der Nordseeküste und der Halligen für den dänischen Roman entdeckt«. Die nordfriesische Literatur hat viele hervorragende Werke hervorgebracht – von Harro Harrings Freiheitsliedern bis zu Dörte Hansens Bestsellern, v. a. dem Roman »Mittagsstunde«, in dessen Mittelpunkt der fiktive nordfriesische Ort Brinkebüll mit seinen typischen Bewohnern steht.

Nordfriesland hat also nicht nur eine große Tradition in der Literatur, sondern auch eine gewichtige Gegenwart. Beispielhaft seien neben Dörte Hansen auch Werke von Jan Christophersen, Henning Boëtius oder Doris Runge genannt. Zudem wurde zwischen 2001 und 2018 auf Sylt jährlich ein »Inselschreiber« ausgewählt, verbunden mit einem achtwöchigen Aufenthalt auf der Insel. Zu den bisherigen Preisträgern zählen renommierte Autorinnen und Autoren wie Feridun Zaimoglu, Juli Zeh, Thomas Hettche, Franzobel, Jenny Erpenbeck oder Uwe Kolbe.

Ebbe und Flut prägen das Land – hier kommen und gehen viele große Schriftstellerinnen und Schriftsteller – und so manche kehren nach einer Karriere außerhalb Schleswig-Holsteins wie weiland Theodor Storm oder heute Dörte Hansen wieder in die Heimat Nordfriesland zurück.

Die Zeit der Bauern

Es war stockdunkel, wenn er freitags Richtung Brinkebüll fuhr. November auf der Geest, der Himmel stapelte die Steine auf das Land, mit Dr. Young im Auto war es auszuhalten. Scheibenwischer auf die höchste Stufe, Schultern runter.

Alles schien verpackt zu sein. Die großen Ballen auf den Feldern. Die Silagehügel, die wie Plastikhügelgräber aussahen. Schnell wieder abzubauen, mitzunehmen, wegzupacken.

Die Zeit der Bauern ging zu Ende. Man blies das Feuer aus, man brach die Zelte ab und ließ die letzten Sesshaften zurück.

Bambi Bahnsen und die drei, vier anderen, die nach dem großen Dreschen übrig waren. Homo ruralis. Fast ausgestorben.

Zeitalter fingen an und endeten, so einfach war das. Für einen, der vom Fach war, hatte er erstaunlich lange gebraucht, das zu kapieren.

Das Dorf, das Land kam ohne ihn zurecht. Zerschrammtes Altmoränenland, es brauchte keinen Ingwer Feddersen, es brauchte niemanden.

Der Wind war immer noch der alte. Er schliff die Steine ab und knickte Bäume, beugte Rücken. Auch diesem alten Wind war es egal, was Menschen taten, ob sie blieben oder weiterwanderten. Es ging hier gar nicht um das bisschen Mensch.

Dörte Hansen

Der Schimmelreiter

Es war im dritten Jahrzehnt unseres Jahrhunderts, an einem Oktobernachmittag – so begann der damalige Erzähler –, und als ich bei starkem Unwetter auf einem nordfriesischen Deich entlangritt. Zur Linken hatte ich jetzt schon seit über einer Stunde die öde, bereits von allem Vieh geleerte Marsch, zur Rechten, und zwar in unbehaglicher Nähe, das Wattenmeer der Nordsee; zwar sollte man vom Deiche aus auf Halligen und Inseln sehen können; aber ich sah nichts als die gelbgrauen Wellen, die unaufhörlich wie mit Wutgebrüll auf den Deich hinauf schlugen und mitunter mich und das Pferd mit schmutzigem Schaum bespritzten; dahinter wüste Dämmerung, die Himmel und Erde nicht unterscheiden ließ; denn auch der halbe Mond, der jetzt über der Höhe stand, war meist von treibendem Wolkendunkel überzogen. Es war eiskalt; meine verklommenen Hände konnten kaum den Zügel halten, und ich verdachte es nicht den Krähen und Möwen, die sich fortwährend krächzend und gackernd vom Sturm ins Land hineintreiben ließen. Die Nachtdämmerung hatte begonnen, und schon konnte ich nicht mehr mit Sicherheit die Hufe meines Pferdes erkennen; keine Menschenseele war mir begegnet, ich hörte nichts als das Geschrei der Vögel, wenn sie mich oder meine treue Stute fast mit den langen Flügeln streiften, und das Toben von Wind und Wasser. Ich leugne nicht, ich wünschte mich mitunter in ein sicheres Quartier.

Theodor Storm

Hinterm Deich

Hinterm Deich

ist die landschaft abgegrast
am horizont
das schimmelreiterreich

im nebeltuch regentrude
sie strickt den tag
auf langen weidenruten

wer weint ihr die fäden
ich hab keine zeit

fürchte das wetter
buchte den wolkenschlepper
für einen südlichen traum

Doris Runge

Nach Jahren

Und ich Tor hatte geglaubt, es hier wieder zu finden, hier wieder jung und glücklich werden zu können. In namenloser Sehnsucht war ich hierher gekommen – und nur, um zu fühlen, dass ich heimatlos war, jetzt völlig heimatlos, wo ich auch noch die Illusion von meiner alten Heimat verlieren musste. Und ich versuchte noch, sie wiederzufinden. Ich lauschte den Heimatstönen draußen am Deich, wo das Meer gegen den Steindamm schäumte und der eintönige, langgezogene Schrei der Seevögel durch die sommerstille Einsamkeit klang. Ich lag an manchem heißen Nachmittag auf der Heide zwischen den roten Heideglocken und Erika – ein starkes, tiefes Heimatgefühl habe ich nie wieder empfinden können. Auch die alten Bekannten suchte ich wieder auf. Noch einmal rauschte das Leben wieder in tollen, heißen, schönen Jugendstunden an uns vorüber und dann blieben sie zurück in der alten Stadt und ich ging fremd wieder fort, fremd und heimatlos.

Franziska zu Reventlow

Meeresstrand

Ans Haff nun fliegt die Möwe,
Und Dämmrung bricht herein;
Über die feuchten Watten
Spiegelt der Abendschein.

Graues Geflügel huschet
Neben dem Wasser her;
Wie Träume liegen die Inseln
Im Nebel auf dem Meer.

Ich höre des gärenden Schlammes
Geheimnisvollen Ton,
Einsames Vogelrufen –
So war es immer schon.

Noch einmal schauert leise
Und schweiget dann der Wind;
Vernehmlich werden die Stimmen,
Die über der Tiefe sind.

Theodor Storm

Heimat und Elternhaus

Meine Heimat Nordfriesland lag, als ich als Knabe heranwuchs,
noch ganz außerhalb der Welt. Keine Eisenbahn brachte die Land-
bewohner, wie jetzt, in wenigen Minuten in die Stadt; nach Flensburg oder Husum, den nächsten Städten, kam man oft Jahre nicht;

manche, vor allem Frauen, haben kaum je eine Stadt gesehen. Wer Hamburg gesehen hatte, war ein weitgereister Mann. Von Kopenhagen brachten Einzelne, die dort gedient hatten, bescheidene Kunde, nicht aus der Vogel-, sondern mehr aus der Froschperspektive. Dass es auch ein Berlin gab, wusste man nur aus der Geographie, es war uns ferner als heute St. Louis oder Moskau. Auch der Verkehr innerhalb der Landschaft selbst war ein sehr beschwerlicher und eingeschränkter. Es gab keine Chaussee an der Westküste; die jetzige Straße zwischen Husum und Tondern, die auch durch den östlichen Teil der Gemeinde Langenhorn läuft, ist erst am Anfang der 60er Jahre gebaut worden; bis dahin gab es nur den uralten »Ochsenweg«, von den jütischen Ochsen, die auf ihm den Weg in die Marschen getrieben wurden, so genannt. In großem Bogen die Marschen selbst umgehend, zog er am Rande der Geest durch tiefen Sand von Tondern nach Leck, von Leck über Soholmbrück nach Bredstedt, und nochmals mit großem Bogen von Bredstedt über Bohmstedt nach Husum. Daneben gab es noch einen Weg durch die Marschen, der aber nur während des kurzen Sommers passierbar war, im Winter nur bei Frost und dann kaum, wegen der fußtief eingefahrnen Geleise: Im Frühjahr und Herbst war der Weg bei ewig nassem Wetter ein bodenloser Morast; dazu ging er mit endlosen Krümmen und Kehren von Dorf zu Dorf, von Hof zu Hof. Etwas besser waren nur die Deiche.

Friedrich Paulsen

Das Schloss vor Husum

Zwischen Wasserreih und Schloss
Ist die Finsternis gar groß.
Durch den Totengang zum Klostergrund,
in dessen Teppich einst
die Grauen Brüder den Krokus gewebt.
Zu Ostern steht er auf, überschwemmt den Park,
brandet gegen das Mauerwerk.
Dann recken sich die Löwen am Portal
und der Hasel sieht verwundert zu,
wie das Schloss im lila Meer versinkt.

Christian Saalberg

Ol Büsum

Ol Büsen liggt int wille Haff,
De Flot, de keem un wöhl en Graff.

De Flot, de keem un spöl und spöl,
Bet se de Insel ünner wöhl.

Dar blev keen Steen, dar blev keen Pahl,
Dat Water schæl dat all hendal.

Dar weer keen Beest, dar weer keen Hund,
De liggt nu all in depen Grund.

Un allens, wat der lev un lach,
Dat deck de See mit depe Nach.

Mitünner in de holle Ebb,
So süht man vun'e Hüs' de Köpp.

Denn dukt de Torn herut ut Sand,
As weer't en Finger vun en Hand.

Denn hört man sach de Klocken klingn,
Denn hört man sach de Kanter singn,

Denn geit dat lisen dær de Luft:
»Begrabt den Leib in seine Gruft.«

Klaus Groth

winter has come

Der Zug fährt an einer Schnur. In Klanxbüll schneit es mitten ins Herz. Die Bäume verneigen sich tief! tief, und siebzehn Galloways stehen hinter Stroh-Rollen die ungerührt noch sind. Weiße Windräder rudern mit fleißigen Armen im nachtschwarzen Himmel am Tag. Hoch lebe das Kopfhochtragen! kann ich mich hörn.

Sarah Kirsch

Die Stadt

Am grauen Strand, am grauen Meer
Und seitab liegt die Stadt;
Der Nebel drückt die Dächer schwer,
Und durch die Stille braust das Meer
Eintönig um die Stadt.

Es rauscht kein Wald, es schlägt im Mai
Kein Vogel ohn' Unterlass;
Die Wandergans mit hartem Schrei
Nur fliegt in Herbstesnacht vorbei,
Am Strande weht das Gras.

Doch hängt mein ganzes Herz an dir,
Du graue Stadt am Meer;
Der Jugend Zauber für und für
Ruht lächelnd doch auf dir, auf dir,
Du graue Stadt am Meer.

Theodor Storm

Ein Sylter Mann, der heimgekehrt

Ein Sylter Mann, der heimgekehrt
nach Sylt, sitzt ziemlich ungestört
bei Blidsel weit nach Mitternacht.
Die Luft ist lau. Der Vollmond wacht.
Von links her blinzelt Lister Licht.
Nach rechts hin hat er miese Sicht,

jedoch er weiß, dort achtet Springer
in seiner Burg auf Mensch und Dinger.
Hoch ist der Himmel – hoch und her.
Getreulich glänzt das Wattenmeer,
und wie sieht, noch unbebaut!
(Was er sich kaum zu glauben traut)
In Keitum trotzt der Glockenturm
Noch siegreich dem Renditewurm.
Was bringt die Luft? Fäulnisgeruch?
Verloren Land … Des Geldes Fluch …

Boy Lornsen

Fast kein Land

Unser Land war etwas Besonderes. Die Straßen waren breit und
gerade, sie waren so gebaut, wie sie einst auf einem Reißbrett
gezogen worden waren. Die Möwen waren bei uns öfter als anderswo. Sie kamen – wie immer – an Land, wenn draußen das
Wetter schlecht war, aber auch sonst kamen sie öfter zu uns als zu
den anderen Bauern, deren Höfe und Land weiter drinnen waren,
man kann fast sagen, weiter auf dem Festland.

Und der Wind war immer da. Nicht dass das etwas wirklich so
Außergewöhnliches gewesen wäre. Denn der Westwind war hier
zu Hause. Zu uns kam er aber beinahe ungeschützt, ungebremst.

Er war an manchen Tagen und Abenden so hart und nass, dass
man glauben konnte, er habe auf dem letzten bisschen Meer vor
unserem Land noch Salz und Gischt aufgesammelt, die er uns
quer in die Gesichter trieb und auf die Felder warf. Die Deiche
waren die Sicherung des Landes. Nicht immer schon, aber seit

vielen großen Fluten erprobt. Einer größer als der andere, einer von See her flacher ansteigend als die anderen. Es gab drei Deiche: Den alten, er lag gerade einmal kurz hinter den Ortschaften, eine erste, alte Grenze zum Meer, wie eine Falte, die sich in das Land gelegt hatte.

Ocke Bandixen

Das Haus auf Eiderstedt

Wie ein Gelenkstück liegt die Westküstenstadt Husum in einer Landbeuge, unterhalb derer die Halbinsel Eiderstedt armstumpfähnlich ins Wattenmeer vordringt. Oft ist hier im Laufe einer langen Zeit die See salzgischtweiß an die Gegebenheiten herangetreten und hat sich Land kleinstadtbrockenweise abgerissen. Die wettergeklüfteten Ränder sind immer wieder in Ordnung gebracht worden, und an sturmfreien Tagen wirken die heutigen Deichlinien wie Eindämmungen aus Legobausteinen. Sie machen einen verkehrsberuhigten Eindruck. Wenn aber jemand an der richtigen Stelle steht und tastet die Gegend weitwinklig mit den Augen ab, so merkt er natürlich doch, daß die See gegebenenfalls nie vor nichts haltmacht. Der buchtenreiche Gesamtanblick ab Stufhusen, über den Westerhever Leuchtturm mit seinen paarig angeordneten Wärtergebäuden, weiter nach links durch den Einbruch beim Tümlauer Koog und vorbei an den Pfahlbauten auf dem wüstenweit ausgedehnten Sandstrand bis hin zu einigen geistlos dastehenden Wohnkartons bei St. Peter Ording – eine solche Augenreise gibt uns bis in die Knie zu fühlen, dass sich hier jemand gewaltige Fetzen genommen hat.

Uwe Herms

Schreiben an die Gemeinden im Land Holstein

Ihr Untertanen groß und klein
Der Gnädig'n Herrschaft in Holstein
Sehr gut ichs mit Euch allen mein
Und bitt, redet dem Fürsten ein
Dass Er wolle gewarnet sein
Und nicht mehr der Wahrheit zuwider
Vertreiben Jesu Christi Brüder
Und seiner Kirchen wahre Glieder
Wie Er vor diesem hat getan
Seligen Teting und Lohmann
Durch sein Fürstlich gestreng Mandaten
Auf falsch angeben der Prælaten
Husumer und Schleßwiger Pfaffen
Die mit Klaffen viel Böses schaffen:
Wie auch nun tun die Kanzelherrn
In Eiderstedt, die viel verkehrn
Und als die Pharisäer pflegen
Das Volk bewegen, Streit erregen
Versammeln ihren Rat zuhauf
Lehnen sich wider Christum auf.

Anna Ovena Hoyer

Mein Vaterland

Mein Vaterland ward mir als Kind – als Knabe
Das Land am Meer – vom Friesenvolk belebt,
Dort wo mein Herz, an meiner Lieben Grabe,

Zum ersten Mal in bitterm Schmerz gebebt!
Mein Vaterland war mir das Land der Friesen;
Mein Herz durchwallt ja freies Friesenblut,
Und das hat mächtig mir bewiesen,
In Lebenskühnheit und in Todesmut!

Harro Harring

Schneetage

Ein ockergelber Himmel, nur wenige Wolken am Rand, eher Schlieren. Darunter das Watt, eine farblose Fläche, die nicht zu enden scheint und am Übergang zum Himmel fließend dunkler wird. Also doch nicht farblos, vielmehr grau in mehreren Abstufungen. Denkbar auch, dass es hier und da flimmert, ganz leicht, dort, wo ein Priel entlangläuft oder ein Strom, den man nicht sieht, nur erahnt. Die Hallig wirkt wie zufällig hingepflanzt, ein dunkler, flacher Hügel mit angedeutetem zweiten Hügel darauf. Das ist die Warft mit dem Hallighaus und der Scheune. Das Ganze ist zu weit weg, als dass man etwas genauer erkennen könnte, die Wiesen beispielsweise, Schafe, Vogelschwärme; auch nicht die Steinpackungen oder die Lahnungen, die gerade ins Watt hinausragen.

Jan Christophersen

Tütermoor

Aber in Tütermoor gefiel es Tobbi gar nicht schlecht. Natürlich war Tütermoor nicht mit einer Großstadt zu vergleichen. Nicht einmal mit einer Kleinstadt. Tütermoor war ein Dorf, und zwar ein ungewöhnlich kleines. Es lag ganz in der Nähe von … Ach, es ist völlig unwichtig, wo Tütermoor genau lag. Wichtig ist nur, dass es dort saftige Wiesen, herrliche Obstgärten und einen vergoldeten Wetterhahn gab. Außerdem: eine Schule mit achtzehn Schulkindern, Enten, Gänse, Hühner, Kühe, Schweine, Hunde und Katzen, einige Pferde, sieben fette und zwei magere Ochsen und drei Mäusefamilien mit Kindern, Enkeln und Urenkeln. Die Milch in Tütermoor kam direkt von den Kühen und nicht etwa aus dem Milchgeschäft. Jeden Morgen stand eine dicke Sahneschicht obenauf, eine Sahneschicht – so dick wie ein Männerdaumen! Die Kuchen rochen dort nach reiner Butter; die Frauen wussten noch genau, wie ein Bratapfel geschmort werden musste und es gab vor allen Dingen viel häufiger hitzefrei als anderswo. Auch die Sache mit dem Wetter war in der Gegend von Tütermoor sehr praktisch und vernünftig geregelt: Im Sommer schien die Sonne jeden Tag; im Winter fror oder schneite es und es regnete immer nur dann, wenn der Regen auch dringend gebraucht wurde. Also genau, wie sich das gehörte!

Boy Lornsen

Verfluchtes Büsum

Verfluchtes Büsum, noch toter als Schmalenstedt, warum wurden solche Städte überhaupt gebaut? Warum lebten Leute dort? Ja, merkten die denn nicht, dass man sie verarschen wollte? Städte wie Hamsterräder, um die Hamster beschäftigt zu halten, um Energie abzuzapfen für das mächtige, pumpende Herz der Gesellschaft, für den Ball der Löwen. Aber ich würde die Wahrheit schon noch offen legen, ich würde diesen Ball finden, ihn enttarnen und die Türen öffnen für alle Büsumer dieser Welt – nieder mit den Löwen! Am Tag meiner Abschlussprüfung kamen meine Mutter und Maria mit dem Auto nach Büsum, um mich abzuholen. Ich bestand die praktische und die theoretische Prüfung mit einer 3 – ich war schließlich kein engagierter Töpfer –, und diese 3 reichte aus, sie war der Schlüssel in die Freiheit. Jetzt konnte meine Mutter nichts mehr sagen, ich war beschützt und gebrandmarkt: Hier Leute, diesem Mann kann nichts mehr passieren – er hat die 3 auf der Haut, er ist ein befriedigender Töpfer. Als vor dem Schulgebäude die kalte Seeluft in meine Lunge drang, die Sonne in meine Augen stach und die beiden Frauen am Fuße der Treppe auf mich warteten, hätte ich vor Freude platzen können. Der Schritt aus dieser Tür war der Schritt in mein neues Leben, jetzt gehörte ich niemandem mehr! Ich war so glücklich, alles war klar, erst Büsum – jetzt die ganze Welt. Wir umarmten uns, ich küsste meine Freundin, dann setzten wir uns in den grünen Volvo, und Mutter lenkte uns ein letztes Mal heim nach Schmalstedt.

Rocko Schamoni

Winter in Brinkebüll

Der Winter nach den Baumaschinen kam nach Brinkebüll, als wäre er ein Heiler. Er legte Schnee wie einen Mullverband auf das zerwühlte, tiefgepflügte Land, er deckte die entbaumten Felder zu und ließ das Regenwasser in den Furchen, die die Bagger aufgerissen hatten, frieren. Streute Puder auf die Kerben, die die Flurbereinigung geschlagen hatte. Wie kalter Schorf verschloss das Eis die Schrammen in der Erde. Wind von Westen blies den Schnee zu Dünen an den Straßenrändern, an den Hauswänden, auf dem Schulhof, wo die Kinder sich mit Lehrer Steensen fast drei Tage lang an einem Iglu abarbeiteten, nachdem sie eine Doppelstunde Heimatkunde für die Bauplanzeichnung aufgewendet hatten. Spiralbauweise, durchaus anspruchsvoll, Steensen nutzte immer gern Gelegenheiten, seinen Schülern ein paar praktische Lektionen mitzugeben. Non scholae, sed vitae, viele dieser Bauernlümmel würden Maurer werden, Zimmermänner, Tischler, und was nützte es, wenn sie die Bürgschaft paukten? Steensen machte sich nichts vor: Hier rein, da raus. Er war schon froh, wenn sie beim Schulabschluss das Schleswig-Holstein-Lied beherrschten, und selbst da war nach der zweiten Strophe bei den meisten Schluss.

Dörte Hansen

Bleigrau

Bleigrau stand der Himmel über Meer und Deich. Nur fern im Westen, wo wie kleine, schwarze Ballen die Halligen lagen, glühte ein schmaler, heller, grünblauer Streifen am Horizont; aber desto schwerer und drückender lastete das dunkle Gewölk hier.

Die Dämmerung zog herauf. Über dem Festland, das sich weit und eben vom hohen Seedeich aus nach Osten erstreckte, lag sie schon dunkel und schwer und verdeckte die großen Bauernhöfe, die fern am Rande der Geest trotzig in die Marsch hineinblickten.

Mathsen, der Schankwirt in der kleinen Deichwirtschaft Kleinsiel, stand auf dem Deich und blickte über die Nordsee. Und wie er so stand und auf die singende, rinnende, kommende Flut blickte, hob sich seine breite, schwere Gestalt hart gegen den Himmel ab. Er verfolgte mit scharfen Augen ein Segelboot, das von einer der Halligen herwärts steuerte, alle Segel voll im Wind.

Er kannte jedes Boot, das zwischen der Küste und den Halligen segelte, und war nur einen Augenblick im Zweifel, ob es das Postboot oder ein Halligboot sei.

»Das kommt zu uns«, knurrte er und scheuerte seine dicke rote Nase. »Entweder bringt es einen Fremden herüber, und dann habe ich heute Einquartierung, oder es holt jemand, der hinüber will.«

Wilhelm Lobsien

Die Überschwemmung von Nordstrand

Sobald also der erste Dezember herankam, da brauste und schwoll nach Mitternacht vor Morgengrauen das Meer, nachdem es schon einige Tage vorher durch einen stürmischen Südwest aufgewühlt war, in einem solchen Aufruhr an, dass es aussah, als wolle es gänzlich über seine Grenzen treten und nicht nur über alle Deiche, sondern sogar noch über die Berge steigen. Denn es erreichte den Kamm aller Deiche, und nichts schien zu hindern, dass es überlaufen und sich über alle niedrig gelegenen Ländereien ergießen würde. Und so hatten denn alle niedrigen und flachen Gegenden ein bejammernswertes Aussehen, und nur die durch die höchsten und festesten Deiche geschützten konnten diesen Anstürmen Widerstand leisten. Die Halbinsel Wieding, die schon unzählige Überschwemmungen und riesige Landverluste hatte durchmachen müssen, wurde von neuem durch dieses schwere und unerwartete Unglück völlig überwältigt, wobei etwa zweihundert Menschen, wie es heißt, in der eindringenden See ertranken. Auch wurde dort die Kirche von Rixbüll zerstört; sie war nun wegen der verschiedenen Angriffe des Meeres und der häufigen Versetzungen der Deiche schließlich unmittelbar an den Seedeich gekommen. Aus ihrem von Grund aus aufgewühlten Kirchhof wurden die Leichen der Begrabenen nach allen Seiten jämmerlich fortgetrieben. In Risummoor und dem angrenzenden Land von Ockholm und seinen Nachbardörfern hat sich die Zahl der Ertrunkenen nicht feststellen lassen; auch ging dort eine zahllose Menge Vieh verloren. Denn die unversehens hereinbrechende See schwemmte die meisten Leute mit den ganzen Hütten und Hürden fort.

Matthias Boëtius

Sylt – Rantum

Weil ich nur dieses Donnern wieder höre,
dies Mahlen einer ungeheuren Mühle,
weil ich nur diesen Flugsand wieder fühle
und dieser Möwen Ruhe wieder störe!

Du abendliche Klarheit dort im Westen,
sei mir ein Bild von naher Tage Glück.
Stil leg ich mich ins Dünengras zurück.
Nicht wie *ich* will, wie *Es* will, ists's am besten.

Christian Morgenstern

Sylt und Föhr

Die Bevölkerung dieser Inseln, namentlich der zwei größten: Sylt
und Föhr, hatte durch ihre wenigstens vorwiegend deutsche Gesinnung in Kopenhagen Anstoß gegeben und dem Capitain Hammer, der, wenn wir nicht irren, 15 Jahre lang als erster Zollbeamter
auf diesen Inseln gelebt und sich jederzeit durch seine ultra-däni-
sche Gesinnung unbequem gemacht hatte, fiel die Aufgabe zu, die
Schuldigen, d.h. also die Deutschgesinnten vor Gericht zu ziehn
und nach Kopenhagen zu führen. Dieser Aufgabe kam er nach.

Am 4. März, als eben das Fahrwasser offen geworden war,
landete er mit 20 bewaffneten Seeleuten bei Keitum auf der Insel
Sylt und verlangte die Stellung und Auslieferung aller Derer, die
beim Tode Friedrichs VII. sich dem allgemeinen »los von Dänemark« angeschlossen hatten. Diese Männer erschienen jetzt
vor Capitain Hammer, aber sie erschienen von ihren Freunden
begleitet. Hammer forderte sie auf, dem Könige Christian IX. zu
huldigen, widrigenfalls er sie nach Kopenhagen führen werde.
Die Anwesenden verweigerten das; setzten auch hinzu, dass sie
Gewalt mit Gewalt beantworten würden. Hammer ließ jetzt seine
Mannschaften mit geladenem Gewehr vortreten und drohte, jeden erschießen zu lassen, der sich widersetzen werde. Da stellte
sich ihm Capitain Lassen entgegen und rief: »Schießen Sie nur,

ich werde die erste Leiche sein, Sie sind die zweite.« Hammer, auf solchen Widerstand nicht gefasst, wollte sich jetzt nach seinem Boote zurückziehn; die Sylter vertraten ihm aber den Weg und erklärten ihm, dass er ihr Gefangener sei. Es kam schließlich zur Capitulation; Hammer gab auf der Landvogtei das schriftliche Versprechen ab, die Insel nicht wieder betreten zu wollen und erhielt darauf freien Abzug.

Theodor Fontane

Und nun das Wetter

Und nun das Wetter. Wetter? Es gibt kein Sylter Wetter. Es gibt nur einen wendischen Wettergott, der seine Laune täglich von Gnade zu Zorn wechselt, von samtener Sonnenmilde zu wütendem Sturm oder peitschenden Regengüssen; nicht selten wechselt das mehrfach am Tag. Gehe ich wie jeden Morgen vor dem Frühstück zum Schwimmen, kann – egal zu welcher Jahreszeit – die mit knapp 53 Metern höchste Erhebung der Insel, Die Uwe-Düne, im flauschigen Plumeau des Seenebels unsichtbar sein; zwei Stunden später bei Tee, Vollkornbrot und Krabbenrührei sitze ich in der Sonne.

Fritz J. Raddatz

Die Könige von Norderoog und Süderoog

Norderoog und Süderoog waren in früheren Jahrhunderten gefährliche Raubnester gewesen. Von hier hatte der Adel des Landes diesem frischen, freien Sport in Gemeinschaft mit den

Bischöfen von Hamburg und Ripen gehuldigt. Auf den beiden Halligen standen feste Burgen mit tiefen, großen Kellern, in denen die geraubten Schätze aufgestapelt lagen, die, wenn sie nach Hamburg oder Bremen, nach dem Festlande überhaupt, gegen klingende Münze vertauscht waren, sich bald wieder füllten. Der englische Adel hat aus der Zeit noch heute die Lust, auf dem Meere zu sein. Der schleswig-holsteinische, unbegreiflich, liebt die See nicht mehr.

Detlev von Liliencron

Deutscher Mondschein

Erzählen wir ruhig und ohne alle Aufregung. Ich bin ein selbst für Deutschland außergewöhnlich nüchterner Mensch und verstehe es, meine fünf Sinne zusammenzuhalten. Außerdem bin ich Jurist, der Mann meiner Frau und der Vater meiner Söhne. Weder zur Zeit der Holunderblüte noch zur Zeit der Stockrosen, Sonnenblumen und Astern pflege ich mich sentimentalen oder romantischen Anwandlungen ausgesetzt zu fühlen. Ein Tagebuch führe ich nicht; aber sämtliche Jahrgänge meines Terminkalenders halten in meiner Bibliothek wohlgeordnet ihren Platz fest. Dieses alles vorausgeschickt, teile ich mit, dass ich mich im Jahre 1867 auf ärztlichen Rat, der Seeluft und des Meerwassers wegen, auf der Insel Sylt befand und dass ich daselbst eine Bekanntschaft machte – eine ganz außerordentliche Bekanntschaft.

Selbstverständlich kann ich mich nicht dabei aufhalten, das oft Empfundene und noch häufiger Geschilderte und in Briefen oder durch den Druck Verbreitete von neuem durch eine schriftliche Wiedergabe meiner eigenen Erfahrungen und Gefühle zu berichtigen oder zu bekräftigen. Wogenschlag, Sandhafer und Sandroggen, Möwenflug und vor allem der Westwind machten auf jeden, der von einer deutschen Beamtenexistenz den Schweiß und den Staub abzuspülen hat, einen angenehmen, erfrischenden Eindruck. Sie verfehlten ihre Wirkung auch auf mich nicht, zumal da die Anstrengungen, die der erwähnten Erfrischung vorangingen, nicht gering waren.

Ich wohnte auf der Grenze der beiden Dörfer Tinnum und Westerland und hatte also, um zum Strande und in die heilige Salzflut zu gelangen, einen Weg von mindestens einer halben Stunde zurückzulegen. Ein nicht kürzerer Weg führte dann zu dem edlen Mann, der uns allmittäglich für einen soliden Preis von innen aus wieder auferbaute. Auf häuslichen Komfort oder gar Luxus mache ich als an Genügsamkeit gewöhnter deutscher Staatsdiener überhaupt keinen Anspruch. Da ich von meinen einundzwanzig Pfeifen sieben mit mir führte, würde ich mich selbst in einem Hünengrabe behaglich eingerichtet haben.

Wilhelm Raabe

Amrum

Als die Fähre die Insel erreichte, war die ganze Verwandtschaft an der Pier, um die Braut in Augenschein zu nehmen. Prüfende Blicke und festes Händeschütteln leiteten das Kennenlernen ein. Die Braut hatte sich so elegant angezogen, als ginge sie auf einen Abendball in Berlin. Das löste bei der Verwandtschaft des Bräutigams eher Skepsis aus. Hielt sie sich vielleicht für etwas Besseres? War sie die Richtige für einen Inseljungen? Das Paar blieb drei Wochen. In dieser Zeit lernte Margarete die Einheimischen kennen, eigenartige Menschen, die aus ihrer Sicht so gar keine Kultur besaßen und dennoch mit einem erstaunlichen Selbstbewusstsein ihre Meinungen kundtaten. Kaum jemand hier hatte vermutlich je die Namen Rilke, Beckmann oder Max Reinhardt gehört. Die junge Braut fühlte sich fremd. Dabei gab es genug Gelegenheiten, sich näherzukommen. Schon am ersten Abend wurde auf die inseltypische Weise gefeiert. Man saß eng beieinander um eine große Schüssel, aus der mit einer Suppenkelle ein dampfendes Getränk ausgeschenkt wurde, das sich Teepunschbowle nannte. Es erhitzte offenbar die Gemüter so sehr, dass eine besondere Nähe zwischen allen Anwesenden entstand. Eine Art unverständlicher Sprechgesang wogte zwischen den Anwesenden hin und her, eine steigende Flut von Lauten, die zwischen Lippen und Ohren hin und her schwappte und schließlich irgendwann in gemeinsame Gesänge in einer völlig fremden Sprache überging. Eine erdrückende Fröhlichkeit befiel alle wie ein Fieber, das das Blut in die Wangen trieb und die Zunge in permanenter Bewegung hielt. Einer Außenstehenden wie Margarete musste die historische Dimension dieser Form der Geselligkeit entgehen, in der sich uralte Rituale der Insulaner gegen die Unbilden der Natur, der Winterkälte, der Sturmfluten und der bösen Geister erhalten hatten.

Henning Boëtius

Hindenburgdamm

Inzwischen bin ich über den Hindenburgdamm gekrochen. Der Falke-Motor liegt mir in den Ohren. Übers Watt rüber und langsam nach Süden am Wilhelm-Lübke-Koog runter, auf Dagebüll zu. Ich steige höher, um noch bessere Übersicht zu haben. Mit 90 km/h auf tausend Meter hoch. Hier kann ich weit sehen. Die Inseln, die Halligen. Der schnurgerade Damm nach Oland und von Oland nach Langeneß. Gröde hat nur eine Warft, die ist jedoch vollgestopft mit Häusern. Ein einziges Haus auf Habel. Mittagszeit, tiefste Ebbe heute. Das Wasser ist weit weg. Ich habe die große Übersicht. Warum man von der Hamburger Hallig nach Pellworm nicht zu Fuß wandern kann, wird mir jetzt klar. Der Norderhever Priel liegt dazwischen.

Jochen Missfeldt

Elisabeth auf Oland

Die kleine Elisabeth war ganz blass geworden und starrte Keike an. Sie hing der Erzählerin an den Lippen, wie sie auch die Geschichten bei Cathrinesen, dem Küster auf Fünen, in sich eingesogen hatte. »Aber kann das Meer bis zu diesem Haus kommen und uns wegspülen?«, fragte sie.

»Es kann das Haus, uns und alle Inseln wegspülen! Das wird einmal geschehen, aber bis dahin können noch hundert Jahre vergehen, und außerdem leben wir dann nicht mehr. Vielleicht ist es schon heute Nacht so weit, aber das glaube ich nicht. Ach, das Meer ist gefährlich!

Hans Christian Andersen

Ein Leben auf Hooge

Hooge ist ein weiches Land ohne Steine und ohne Quellen. Gemessen an der langsamen Vergänglichkeit eines Gebirgszuges, eines Tales oder eines einzigen Steines, ist Hooge nur ein flüchtiges Schwemmland, das heute in der Brandung liegt und morgen wieder verschwunden ist. Hooge ist eine Weide, eine Wiese im nordfriesischen Wattenmeer, von Salzwasserrinnsalen durchzogen und einem geteerten, niedrigen Sommerdeich gefasst. Wie trockengefallene Archen und weit auseinanderliegend, erheben sich aus der baumlosen Ebene Hooges neun, von wenigen Häusern bestandene Erdhügel – die Warften. Nur dort, im Windschatten der Häuser, gedeihen auch Bäume und Sträucher. Auf den Fennen, den Weiden zwischen den Warften, grasen Rinderherden und vereinzelt auch Pferde; darüber ziehen Seevögel, Silbermöwen und Austernfischer, ihre Schleifen. Hooge ist ein Land aus Torf, Schlick und Sand, von der See über den Untiefen und den Resten versunkener Marsch- und Moorlandschaften aufgeschichtet und dem Meeresspiegel doch zu nahe geblieben, um den Namen einer Insel zu erfüllen: Land von solchem Land heißt Hallig.

Achtmal, neunmal und öfter im Jahr rauscht das Meer über die Hallig Hooge hinweg, allein die Warften ragen dann umbrandet aus der Flut, und zieht sich die See zurück, liegen auf den Weiden Muschelkränze, Tang und Seesterne. Wenn dann kein Regen das Salz von den Gräsern wäscht, färbt sich dieses Land auch im Frühjahr kastanienbraun und rot. Dass Hooge im Strom der Gezeiten liegt, heißt auch: Hooge liegt zweimal im Verlauf eines Tages und einer Nacht inmitten des Meeres und zweimal in einer Schlickwüste. Klein ist Hooge; der Deich aus Granit und

Basalt, der die fünfhundertfünfzig Hektar der Hallig umschließt, ist bei guten Kräften in zwei Stunden abzuschreiten, und die Bewohner dieses Landes sind rasch gezählt. Es sind einhundertvierunddreißig.

Christoph Ransmayr

Aus: Christoph Ransmayr, Ein Leben auf Hooge.
In: ders., Der Weg nach Surabaya.
© S. Fischer Verlag GmbH, Frankfurt am Main 1997.

Amrumer Mumpfen

Marco scheint es mit ihr ähnlich zu gehen. Als sie am Vormittag beim Stadtbummel sagte, Wittdün sei wohl Amrums Wenningstedt, schwieg er. Zweimal hatte sie Sylt erwähnt, und zwar ohne auch nur den geringsten sehnsüchtigen, vorwurfsvollen Ton anzuschlagen, und beide Male hatte er geschwiegen. Sie wollte den Streit ja gar nicht aufleben lassen; sie fand Amrum als Kompromiss zwischen Sylt und Usedom wirklich okay. Aber immer dieses Schweigen um den heißen Brei herum – wie ihre Mutter. Waren sie dafür Wochen und Monate in Bad Suden gewesen?

Frank Schulz

FLENSBURG

Für Siegfried Lenz versucht Flensburg, ein norddeutscher Lido zu sein. Wahrlich, die Lage am Ende der gleichnamigen Förde hat einen besonderen landschaftlichen Reiz. Nun mag der Vergleich mit Venedig zu hoch gegriffen sein. Dass die Stadt in anmutiger Landschaft eingebettet ist, mag niemand bestreiten. Dazu trägt nicht zuletzt die Moränenlage bei, die dazu führt, dass man, von der Förde kommend, die Stadt an beiden Seiten aufsteigen sieht. Zudem ist Flensburg eine Stadt mit großer Vielfalt, bedingt durch die Grenzlage. Hier sind dänische und deutsche Kultur gleichzeitig zuhause. Durchgereist sind deswegen viele, Voß, Klopstock, Andersen, Fontane und Bert Brecht auf der Flucht nach Dänemark. Viele bildende Künstlerinnen und Künstler kennt die Liste bedeutender Persönlichkeiten, Schriftstellerinnen und Schriftsteller sind es weniger. Herausragend unter ihnen ist Emmy Ball-Hennings, die Geschichten ihrer Jugendjahre kennzeichnen ein sehr schönes Bild der Fördestadt im ausgehenden 19. Jahrhundert. Heute lebt und arbeitet Andrea Paluch hier. Aus dem benachbarten Nordschleswig (seit der Volksabstimmung 1920 dänisch) stammte Emil Nolde, Klaus Groth lernte den Lehrerberuf in Tondern und Hermann Bang kommt von Alsen. In der Hojskole in Apenrade, die sich jahrelang um den deutsch-dänischen Kulturaustausch verdient gemacht hat, war Günter Grass häufiger Gast. Heute befindet sich hier ein Hotel. Das Feuerschiff, von dem Siegfried Lenz schrieb, gab es wirklich: Es lag genau in der Mitte der Förde, zwischen Deutschland und Dänemark, auf halbem Wege zwischen der Hablinsel Holnis und dem gegenüberliegenden Egernsund. Grübeln über den Unterschied der Länder auf beiden Seiten der Förde führe, so Lenz, allerdings zu keinem Ergebnis.

Der Priester

Es führte ein kleiner Seitenweg zum Hause hin, ein ganz kleiner Weg mit Weiden auf beiden Seiten und mit großen Steinen. Die Steine konnten das Wagenfahren gefährlich machen. Es tat aber nichts. Denn es kam so selten ein Wagen auf den Weg. Der taube Pastor Skeel, der in diesem kleinen Hause wohnte, musste sich mit seinen Beinen begnügen, wenn nicht der Hauptpastor ihm einen Platz in seiner Kalesche gönnte, wenn er ein Kind zu Hause getauft hatte.

Der Hauptpastor war mit den Jahren etwas stark geworden und auch ein wenig faul. Er hatte das Zuhausetaufen gar nicht gern. Es geschah sogar, dass der Herr Hauptpastor der Frau Hauptpastor – abends im ehelichen Schlafzimmer, wenn sie sich auszogen – sagte: Kathrine, hol mich der Teufel, na, Gott behüte, das Gesindel kann die Würmer in der Kirche taufen lassen. Nein, der Hauptpastor hatte das Herumtaufen gar nicht gern! Der taube Pastor Skeel aber, der sah glücklich aus, wenn er ein seinem heiligen Amte, auf dem kleinen Wege hin und her ging, dass man beinah geneigt wäre, dem Hauptpastor recht zu geben, wenn er meinte, es sei ein wahres Glück, den alten Mann in so ein Wetter hinaus zu jagen.

Herman Bang

Unwiederbringlich

Eine Meile südlich von Glücksburg, auf einer dicht an die See herantretenden Düne, lag das von der gräflich Holkschen Familie bewohnte Schloß Holkenäs, eine Sehenswürdigkeit für die vereinzelten Fremden, die von Zeit zu Zeit in diese wenigstens damals noch vom Weltverkehr abgelegene Gegend kamen. Es war ein nach italienischen Mustern aufgeführter Bau, mit gerade so viel Anklängen ans griechisch Klassische, dass der Schwager des gräflichen Hauses, der Baron Arne auf Arnewiek, von einem nachgeborenen »Tempel zu Pastum« sprechen durfte. Natürlich alles ironisch. Und doch auch wieder mit einer gewissen Berechtigung. Denn was man von der See her sah, war wirklich ein aus Säulen zusammengestelltes Oblong, hinter dem sich der Unterteil des eigentlichen Baues mit seinen Wohn- und Repräsentationsräumen versteckte, während das anscheinend stark zurücktretende Obergeschoß wenig über mannshoch über die nach allen vier Seiten hin eine Vorhalle bildende Säuleneinfassung hinauswuchs. Diese Säuleneinfassung war es denn auch, die dem Ganzen wirklich etwas Südliches gab; teppichbedeckte Steinbänke standen überall die Halle entlang, unter der man beinahe tagaus, tagein die Sommermonate zu verbringen pflegte, wenn man es nicht vorzog, auf das Flachdach hinaufzusteigen, das freilich weniger ein eigentliches Dach als ein ziemlich breiter, sich um das Obergeschoß herumziehender Gang war. Auf diesem breiten, flachdachartigen Gange, den die Säulen des Erdgeschosses trugen, standen Kaktus- und Aloekübel, und man genoss hier, auch an heißesten Tagen, einer vergleichsweise frischen Luft. Kam dann gar vom Meer her eine Brise, so setzte sie sich in das an einer Maststange schlaff herabhängende Flaggentuch, das dann mit einem schweren Klappton hin- und herschlug und die schwache Luftbewegung um ein geringes steigerte.

Theodor Fontane

Der weitgereiste Seemann

Mein Vater arbeitete auf der Schiffswerft. Dort war er Rigger oder Takler. Er hatte die Hisstaue an den Schiffsmasten anzubringen und alles zu ordnen, was mit dem Segelwerk und dem Stapellauf eines Schiffes zu tun hat. Mein Vater war aber nicht immer Rigger gewesen. Schon in seinem zwölften Jahre war er zur See gegangen und hatte als kleiner Schiffsjunge schon sehr weite Reisen gemacht. Er war in allen Erdteilen der Welt gewesen, zufällig nicht in Grönland, aber da war auch nicht viel los. Was hätte er in Grönland sollen? Nach und nach hatte er sich dann zum Steuermann emporgearbeitet, und das war keine Kleinigkeit, denn es ist keine einfache Sache, ein Schiff zu steuern, zumal wenn es ein Segelschiff ist. Abends bastelte mein Vater ein wunderbares Segelschiff, das größer war als mein siebenjähriger Arm. Oh, es war ein Traum von einem Schiff, und ähnlich der Santa Maria, jenem herrlichen Schiff, mit dem Kolumbus sein Land entdeckt hatte.

Über die Hälfte seines Lebens hat mein Vater auf dem Meer verbracht, und erst nach meiner Geburt, vielleicht mehr meiner Mutter zuliebe als aus eigenem Antrieb, ist auf dem Lande geblieben. Für mich jedoch blieb er meine ganze Kinderzeit über vor allem der weitgereiste Seemann, den ich liebte und bewunderte, und in einer gewissen Hinsicht hegte ich manchmal ein seltsames Mitleid mit ihm.

Emmy Ball-Hennings

Geboren in Flensburg

»Geboren sind Sie 1974 in Flensburg«, sagte Barels. »Dort sind Sie auch zur Schule gegangen. Und was kam danach?«

»Danach«, sagte Tom und machte eine seiner üblichen Denkpausen. »Danach war ich unterwegs und habe Musik gemacht. Ich hab eine Wohnung hier in Hamburg, aber das ist eigentlich nur der Ort, wo ich meine Sachen lasse. Man kann ja nicht immer alles mit sich rumschleppen.«

»Der fahrende Musiker?«

»So ungefähr.«

»Eine Ausbildung haben Sie nicht gemacht?«

»Sie meinen Studium oder so? Nein, ich bin da reingerutscht … Hab hier mitgespielt, da mitgespielt. Viel Studioarbeit am Anfang … Das war die beste Schule für mich. Vor allem natürlich aber das Livespielen.«

»Sie haben viel mit Theatern und Kinos zusammengearbeitet.«

»Hat sich so ergeben.«

»Da hat sich sicher Ihre lautmalerische Spielart angeboten. Filmmusik müsste Ihnen doch liegen. Haben Sie das nie gemacht?«

»Klar, ein wenig. Als Musiker muss man alles mitnehmen, was sich anbietet. Man kann ja nicht nur unterrichten, um Geld zu verdienen. Das bringt auch nicht viel.«

Jan Christophersen

Grenzen werden zu Horizonten

Bei uns auf dem Land gab es verschiedene Grenzen. Da sind zum einen die Dorfgrenzen. Dörfer haben eine eigene Identität und rivalisieren mit ihren Nachbarn, z. B. wer das bessere Zeltfest hat oder wer seinen Maibaum besser bewacht. Ein bisschen über die Dorfgrenzen hinaus gehen die Sportvereine, deren Einzugsgebiete auf Grund von Nachwuchsproblemen größer und größer werden. Es gibt aber auch sichtbare Grenzen. Zum Beispiel die Deiche. Für uns Binnenländer waren sie eine Attraktion und wir pilgerten hin, um über die Krone einen Blick aufs Meer zu werfen. Doch Enttäuschung und Irritation waren groß, als sich dahinter lediglich grünes Marschland erstreckte, mit einem Deich am Horizont. Wir fuhren zu diesem Deich, bestiegen ihn, diesmal etwas verunsichert, aber vorgewarnt, und schauten auf die andere Seite. Land und Schafe, kein Meer. Noch nicht einmal Watt. Am Horizont: nächster Deich. Dieser endlich trennte das Meer vom Land, wenngleich das Vorland ganz schön groß war. Aber zu sehen war eindeutig das Meer, kein Deich mehr am Horizont, dafür Landgewinnung in vollem Gang.

Es gab also Binnendeiche, alte Deiche, die das Meer in früheren Zeiten abhielten, nun aber durch Landgewinnung mitten im Land lagen. Zeitzonen in der Geschichte des Deichbaus. Heute nennt man das Küstenschutz. Die neuen Außendeiche werden dem Klimawandel angepasst. Sie werden unheimlich breit angelegt, mit sanftem Gefälle und der Möglichkeit für folgende Generationen, aufzustocken. Zukunftsfähig, so die Hoffnung. Die Grenze zwischen Land und Meer also eindeutig veränderbar, in beide Richtungen. Der Mensch gewinnt Land, das Meer holt es sich zurück. Ein Hin und Her, ein Geben und Nehmen.

Mitten in diesem Land der Köge gibt es noch andere Grenzen als die Deiche: das Flüsschen Arlau mit seiner Köm-Grenze zum Beispiel. Köm ist ein Aquavit, der nördlich der Arlau als gelber Köm, südlich davon als weißer Köm getrunken wird. Wer nun den besseren Köm trinkt, darüber lässt sich, vermutlich seit Generationen, trefflich streiten.

Eine weitere große Grenze stellt natürlich die Landesgrenze zwischen Deutschland und Dänemark dar. Die Dänen, die auf der deutschen Seite wohnen, nennen das von ihnen bewohnte Gebiet Südschleswig, die Deutschen auf der dänischen Seite das ihre Nordschleswig, wobei ihrer Ansicht nach die südliche Hälfte von Nordschleswig in Deutschland liegt. Das Südschleswig der Dänen in Deutschland ist also das südliche Nordschleswig der Deutschen in Dänemark. Verwirrend? Und ob. Um sich vor lauter Grenzziehung nicht zu verlieren, wurde von offizieller Seite die Bezeichnung Sønderjylland/Schleswig für das Gebiet diesseits und jenseits der Bundesgrenze vorgeschlagen, dem sich alle zugehörig fühlen können sollen. Befindlichkeiten lassen sich aber offenbar nicht so einfach durch einen Verwaltungscoup entgrenzen.

Ich für meinen Teil liebe es, in Südschleswig zu wohnen, obwohl ich mich am nördlichsten Punkt der Republik befinde. »Süden« hat so was von Urlaub, von Wärme und Mittelmeer. Gleichzeitig verändert es die Perspektive weg von deutscher Randlage hin zu Skandinavien, das Baltikum ist erreichbar, die Welt so viel größer als Deutschland. Für mich öffnet die lokale Identitätssuche mit ihren Grenzen Horizonte.

Andrea Paluch

Das fröhlichste und schönste Leben

Wenn der Frühling seinen Beginn kündete, dann entstand um den Hof herum viel freudiges Leben. Die Küken kamen, die vielen Lämmer, die Kälber, die Füllen, und sie alle, alle waren so lebensfroh, piepsend, bläkend, brüllend, wiehernd und springend und spielend. Wir Jungens hatten viel zu tun mit all den jungen Tieren, es war aber sehr lustig und schön. Und dann kam der Mai und die Ausstallung. Wie waren die Rinder und Kühe so toll und wild mit Toben, mit Brüllen, und, miteinander kämpfend, so dass manchmal ein Horn abgestoßen wurde und nur der blutrote Strunk noch stehenblieb.

Wenn dann die Fennen grünten, zog es uns Knaben unwiderstehlich nach dort hinaus und nach dem Gotteskooggebiet mit seinen kleinen Seen, die einst Arme des Meeres waren. Gelegenheit fand sich hierzu auch alljährlich mehrmals. Wir mussten, sobald wir tüchtig genug waren, das Vieh und die Schafe zur Sommergräsung hintreiben. Tagestouren waren es, und sie waren schön. In Uberg beim Höker kauften wir für 15 Pfennig Rosinen, das war Luxus, aber wir genossen es sehr. – Im Herbst dann wieder holten wir das Vieh, dick und fett, längs den bodenlosen Kleiwegen nach Hause. Es war dies nicht immer leicht, aber wir waren jugendfrisch und hatten Mut.

Das fröhlichste und schönste Leben am Elternhof und im Dorf begann im Sommer mit der Heuernte. Die Menschen dann alle waren belebt und vergnügt. Mit der Sense überm Nacken, in bloßen Füßen, gingen mit in dem nassen, zuweilen angereiften Gras. Das war kalt. Dann aber kam die glutrote Morgensonne, und bald dann auch kam Vater mit seiner dickflüssigen Mehlgrütze, darum herum wir dann uns kniend scharten, speisend alle aus dem großen, dampfenden Topf, in den Butterklecks der Mitte jeweils den Löffel voll tauchend.

Wir fanden öfters in den Wiesen Hummelbienennester. In wildem Kampf bemächtigten wir uns des Honigs, bis strengstens dann befehlend der Ruf: »Hallo, Jungs!« uns schleunigst heranholte.

Bei schönem Wetter ging's am Nachmittag im übervollen Leiterwagen zum Harken hin. Die Knechte sangen, die Mädchen auch, die jungen Pferde sprangen, der Wagen rasselte, es war eine Freude, und auf der Wiese bald die Schober in Reihen sich reihten. Bis zum Sonnenuntergang ging die Arbeit, bis wieder fröhlich die Fahrt nach Hause kam.

Emil Nolde

Es sind die Bewohner von Alsen

Der Herbst kam kalt. Die kleinen Nachbarn um uns, eingemummt, wurden noch kleiner, und Peter Hansen, unser Hauswirt, kam von der Flensburger Schiffbrücke zurück, nachdem er dort seit Monaten seine Kirschen, Pflaumen, Birnen und Äpfel alle verkauft hatte.

Es sind die Bewohner von Alsen im Charakter und der Sprache den dänischen Inselbewohnern nahe verwandt. Zuweilen sind es seltsame Typen. Den rabiaten Schuster lernten wir kennen und den Fischer, der keinen Salat essen wollte. Und den geizigen Bauern, der so reich war, weil er geizig war.

Unser dänisches Mädchen, Ane, hatten wir unseren Fehnfreunden geliehen, bis sie im Herbst wegreisten, da kam sie wieder. Sie war im frühen, schönsten Alter. Meine Ada, ihre nackte

Schönheit bewundernd, meinte lieb, dass ich sie sehen müsse, und sie stand da, aus der Erde erwachsen, wie reinstes, schönstes, blühendes Glück. Sie war nur ein Mädchen. Ja, sie war so unbefangen naiv, dass einmal sie meine Ada frug, ob sie ebensogut auf dem Klavier deutsch spielen könne als dänisch, und eines Abends, als wir scherzend sagten, heute könne sie uns etwas vorspielen, setze sie sich leise hin, auf dem Piano tippend hin und her, so kindlich seltsam, dass wir nicht wussten, ob wir gerührt sein sollten oder lachen durften.

Emil Nolde

Frisch von der Ostsee heran

In Bollerup, Nachbarn, lässt sich der Wind nicht aufhalten: kommt frisch von der Ostsee heran, der er seine torkelnden Schaumlichter aufsetzt, staut sich an der ausgewaschenen Steilküste, wird abgelenkt, drückt sich flach durch die Rinne und hat freien Zugang zum Dorf. Da hält ihn kein Knick auf und kein beliebter Mischwald, forsch fällt er ein und verwechselt, möcht ich mal sagen, das abfallende Roggenfeld mit der Ostsee: bringt die Halme in Aufruhr, will sie zur Flucht veranlassen, möchte sie vielleicht vor sich herwerfen wie Wellen und aus den Ähren ein bisschen planlosen Schaum schlagen, und wenn ihm dies auch nicht gelingt – dem Roggenfeld selbst verschafft er unerwartete Bewegung: duckt und schleudert es, walkt es durch, lässt es den Hang hinauflaufen und all so'n Zeug.

Siegfried Lenz

SCHLESWIG

»So weit das Auge reichte, eine entzückende Welt, jene wunderbar liebliche Einfachheit norddeutscher Fluren mit ihren bunten Feldern, grünen Wiesen, schimmernden Bächen und Flüsschen, deren berückendem
Zauber man sich nicht zu entziehen vermag.« So schrieb der heute fast
vergessene Schleswiger Schriftsteller Hermann Heiberg in seinem Roman »Apotheker Heinrich« 1885, das der Zeitgenosse Theodor Fontane
als »vorzügliches Buch« lobte.

Hervorstechendes Merkmal der norddeutschen Landschaft im Allgemeinen und der Schlei-Region rund um Schleswig im Besonderen
scheint also von jeher die »Ruhe« zu sein. Natürlich die Ruhe und das
Meer. Heute bestätigen Werke von Jochen Missfeldt (»Solsbüll« u. a.)
und auch von Mareike Krügel (»Sieh mich an«, u. a.) dieses Motiv. Die
Heldin in Mareike Krügels Roman fragt sich, was es Besonderes an Landschaft und Meer geben soll: »Ich stehe im Wochenendstau zwischen
unzähligen Fahrzeugen mit Kennzeichen aus ganz Deutschland und
frage mich allen Ernstes, was diese Menschen hier suchen.«

Diese Ruhe war nicht immer vorherrschend im Lande: Zu Zeiten der
Gottorfer Hochblüte gingen von hier aus Schiffe in die Welt, was auch
zu einer Blüte der Literatur führte. Der bedeutende Barockdichter Paul
Fleming fuhr im Auftrag von Herzog Friedrich III. gemeinsam mit dem
Universalgelehrten Adam Olearius nach Moskau, später bis nach Per-
sien. Daniel Kehlmann lässt in seinem Roman »Tyll« 2017 einige Erleb-
nisse dieser Reise Revue passieren. Wilhelm Jensen nimmt Ende des
19. Jahrhunderts noch einmal Bezug auf diese Hochzeit der Gottorfer
Hochkultur. Die Region bleibt aber im Fokus der Literatur: Hermann
Heiberg schreibt einen Schleswig-Roman, Friedrich Ernst Peters verfasst

u. a. ein Poem auf den Brüggemann-Altar, und nicht zuletzt Siegfried Lenz verortet sein »Heimatmuseum« in einem kleinen Ort an der Schlei. Es bedarf dieser Erwähnung nicht, dass Siegfried ein Haus in Tetenhusen in der Nähe von Schleswig besaß.

In der Literatur aus der Region ist häufig von »Heimat« die Rede und von Erinnerung an alte Tage. Das gilt nicht nur für Helene Voigt-Diederichs, die einen idealisierten Sommertag beschreibt, sondern auch für die heutigen Schriftsteller wie Joachim Meyerhoff oder Ralf Rothmann, der in Schleswig geboren wurde und seine ersten Lebensjahre auf Gut Fahrenstedt bei Böklund verbrachte. In seinem Erzählband »Hotel der Schlaflosen«, in der letzten, sehr kurzen Erzählung »Ein leises Ziehen in der Herzgegend« will der Protagonist seiner Lebensgefährtin den Ort seiner Kindheit zeigen, den fiktiven Ort Osterwieck an der Alten Eider. Als er den konkreten Ort findet, »nahm seine Traurigkeit noch zu. Wieder spürte man das Meer, ohne es zu sehen, ein leises Ziehen in der Herzgegend.« Es bleibt also auch gültig, was Siegfried Lenz in einem Interview in der Deutschen Welle 2007 sagte: »Alle Werke der Weltliteratur sind Heimatliteratur.«

Aber das Meer

Aber das Meer, du meine Güte, das Meer. In meinen Gedanken wird es täglich profaner, ich denke an Algen und Quallen und steinige Strände voller verrosteter Coladosen. In meiner Erinnerung ist das Meer entweder glatt oder kabbelig, grau oder grünlich, mit jedem Tag, den ich es nicht mit eigenen Augen sehe, schrumpft es in seiner Größe und Erhabenheit und wird zu einem beinahe nervigen Gewässer mit aufdringlichem Geruch, jederzeit verfügbar für jemanden wie mich. Ich stehe im Wochenendstau zwischen unzähligen Fahrzeugen mit Kennzeichen aus ganz Deutschland und frage mich allen Ernstes, was diese Menschen hier suchen. Manchmal dauert es tatsächlich Monate, bis ich es wieder zu Gesicht bekomme. Den Fluss sehe ich oft, durch den die fetten Passagierschiffe sich wie Eisberge schieben. Wenn man aber von unserem Haus aus die Straßen durchquert und sich schließlich direkt auf den Strand zubewegt, gibt es einen Moment, ab dem sich in der Bebauung an der Promenade eine Lücke auftut und der Blick sich auf das offene Meer richten kann. Jedes Mal, wenn dieser Moment kommt, stockt mein Atem einen Herzschlag lang. Denn das Meer ist niemals profan, langweilig und grau. In Wirklichkeit ist es das Einzige, das zu sehen sich lohnt in dieser Welt. Es rückt alles und jeden in die rechte Perspektive. Das Land, auf dem wir stehen, ist nichts weiter als eine Insel. Die Lebewesen, die wir kennen, nichts weiter als eine Handvoll angepasster Lehrbucharten. Wir halten uns für groß und wichtig, während da unten, in den Tiefen, riesige Monster existieren, die über uns lachen würden, wenn sie lachen könnten. Alles, was unseren Planeten besonders macht, hat mit dem Wasser zu tun.

Mareike Krügel

Auf des Fürstl. Holsteinischen Rats und Gesandten Geburtstag

Flieget durch die Sternenwelt,
ihr geschwinden Lenzenwinde,
fliegt mit unserm Angebinde!
Schauet, wo er sich enthält,
unser aller Freunde Freund,

dem itzt seine Sonne scheint!
Ob er schläfet oder wachet,
ob er weinet oder lachet,
ob er reiset oder ruht,
oder was er immer tut,
so verehrt ihm unsre Grüße
und die frommen Ehrenküsse,
und ruft laut: Dem wir diß geben,
müsse lange, lange leben!

Paul Fleming

Die Schlacht bei Schleswig

Mittlerweile hatte Oberst von Bonin seine Truppen in westlicher
Richtung um Schleswig herum in die Gehölze zwischen Schuby
und Schleswig geführt und im Pulverholze entspann sich ein
heftiges Artillerie- und Scharfschützenfeuer. Das 20ste (Königs-)
Regiment von den Preußen (meistens Pommern) litt sehr; es soll
gegen 100 Mann verloren haben. Gute Dienste leisteten unsere
Bracklowschen Scharfschützen, die u. a. einen dänischen Kapitän
gefangen nahmen. Sie haben 1 Toten und 5–6 Verwundete; es war
außer einigen Freiwilligen bei den Garden wohl das einzige nicht-
preußische Militär, das bei Schleswig im Feuer war. Von unserm
Linienmilitär rückte ein Teil des Nachmittags mit den Reserven
in die Stadt. Noch nach 7 Uhr wurde hier Geschützdonner gehört; die Unsrigen drangen bis gegen Königswille und die Flensburger Chaussee vor und jedenfalls mussten die Dänen um ihre
Rückzugslinie besorgt sein. Es ist wahrscheinlich, dass Schloss
Gottorp noch am Abend geräumt ward; wenigstens schwieg das

Geschützfeuer etwa um 7 Uhr Abends und es soll damals auch der Dannebrog abgenommen sein, den ich noch etwa um 6 ½ Uhr von dem gegenüberliegenden Ufer der Schlei aus wehen sah. Es war ein eigenes Gefühl, aus dem alten Stammschloss der Holsteiner Herzöge auf ihre Stadt, auf ihre Leute feuern zu hören, die von allen Seiten umschlossene rot und weiße Fahne noch einmal und wohl zum letzten Male darauf wehen und mit verzweifelter Gegenwehr sich verteidigen zu sehen. Musste es so weit kommen, dass dasselbe Volk gegen sie stritt, das so oft für sie ins Feuer ging! Es muss wohl Ärgernis kommen, aber wehe dem durch den es kommt.

Theodor Mommsen

Apotheker Heinrich

Die Straßen, die Gassen sahen geradlinig und abgezirkelt aus; die hoch emporragenden Dächer der nähergelegenen Häuserreihen reckten sich wie in erstarrter Bezauberung empor, und alle ihre Unebenheiten hoben sich bis auf den unter den Dachpfannen hervorgequollenen, zu weißem Stein gewordenen Mörtel scharf in der durchsichtig heißen Glut ab. Hier und dort war ein Giebelfenster geöffnet, flatterte, vom Zugwind heftig bewegt, ein weißer Vorhang, und es ward einem bange um das gefährdete Topfgewächs, das auf der Fensterbank stand. Auf einem hohen, verwitterten Schornstein klapperte ein Storch. Der harte Ton klang laut und hell zu ihnen empor. Stetig drang auch ein dumpfes Klopfen und Hämmern von der Schiffsbrücke herüber, und ein andermal erschreckte sie das sausende Geräusch einiger die Luft in raschem Fluge durchschneidenden Schwalben.

Die Landstraßen vor der Stadt erschienen weiß angestrichen, die langen Alleen glichen den kleinen Bäumchen einer Nürnberger Spielwarenschachtel, und ebenso winzig stellten sich die Fuhrwerke und Reiter dem Auge dar, obgleich man bei näherem, aufmerksamem Beobachten das eifrige Forteilen der Tiere zu erkennen vermeinte. Und überall zwischen roten Dächern, helleren Mauern und dunkleren Ecken lebendiges, reizendes Baumlaub, und drüben in der Ebene Äcker, Wiesen und Wälder in malerischer Abwechslung; alles in weiter Ferne sichtbar, deutlich begrenzt, oft wie abgezirkelt. Dazwischen Gehölze, die wie grüne Moosbeete erschienen und ihnen zu Seiten, herrlich in der blauen Luft sich abzeichnend, gerade emporsteigende, weißschimmernde Rauchsäulen aus Hütten und Gehöften. So weit das Auge reichte, eine entzückende Welt, jene wunderbar liebliche Einfachheit norddeutscher Fluren mit ihren bunten Feldern, grünen Wiesen, schimmernden Bächen und Flüsschen, deren berückendem Zauber man sich nicht zu entziehen vermag.

Hermann Heiberg

Die Versuchung des Hans Brüggemann

O Qual des Bildens! Wieder ist die Schneide
am spröden Eichenholze abgeglitten,
hinfließt mein Blut an Petri Faltenkleide.

Die Linke ist mir hundertfach zerschnitten.
Ich hab für müßiger Mönche Augenweide,
für Abteseligkeit gelitten.

…

Gott, du mein Gotte, sei gnädig, lass gelingen!
Gab ich dem Werk mich noch mit Vorbehalten,
sieh mich bereit nun, Alles darzubringen!

Brecht auf, ihr Wunden! Strömt auf die Gestalten,
die meine Hände aus dem Holze heben,
ström hin, mein Blut, gib, Herz, bis zum Erkalten!

Was liegt an mir? Das Werk, das Werk muss leben!

Friedrich Ernst Peters

Solsbüll

Wer im Solsbüller Land, wo es, wenn auch flach, tausendmal berg-
auf und bergab geht, hinter Busch und Buckel wohnt, der sieht
nicht weit. Zu Busch und Buckel kommt im Sommer oft der Dunst,
im Herbst, Winter und Frühjahr oft der Nebel. Zu Dunst und
Nebel kommt der Rauch vom Herdfeuer aus den Schornsteinen,
auch der Dampf aus den Waschküchen. Außerdem sind die Wege
gekrümmt und unergründlich. Wie oft ist Otto von Meggersee
senior auf Patientenbesuchen mit seinem Einspänner im Morast
versackt. Otto von Meggersee junior meinte, das Solsbüller Land
habe vor zwanzigtausend Jahren seine Gestalt empfangen: lauter
kleine Brötchen. Damals hatten wir Eis aus dem Norden, das fünf-
hundert Meter dick lag und sich über uns wegwälzte. Ich erinnerte
mich noch genau an jenen strengen Winter 29/30, als sich im gewaltigen Urstromtal der Solsbüller Au die Eismassen türmten,
sagte er später des Öfteren. Über die Eiszeit, über die Zeit danach,
über Krieg und Frieden, über Leben und Tod, über Mensch und

Unmensch dachte Meggersee ähnlich wie sein Vater. Otto von Meggersee senior war der erste Arzt überhaut hier in der Gegend. Der liebte Höfisches, ließ sich Mademoiselle und Madame auf der Zunge zergehen, trug ausländische Stoffe, rauchte Brasil-Zigarren und trank Madeira-Punsch. Er war es, der dachte und sprach, was die Leute von Solsbüll dachten und hören wollten. Beide, Otto von Meggersee senior und Otto von Meggersee junior, waren Dr. med. Als das Eis schmolz und unter Stöhnen und Ächzen auseinanderbrach, schoss Wasser durch Ritzen und Brüche, Bäche und Ströme wurden geboren. Schön und grau lag da das Land; Eis auf Eis und Stein auf Stein. Dann fegte Schnee im Sturmwind und bedeckte Schlucht und Hügel. Flocken fielen an windstillen Tagen, schön und weiß lag dann das Land. Scheußliche Sommer kamen, auf Regen folgte Regen, überall Dreck. Millionen Kubikmeter Sand und Geröll wälzten sich herbei, blieben liegen, wälzten sich weiter. Flüsse gurgelten, fraßen Grund und Boden. Steine gingen auf tausend Jahre lange Schleppfahrt, polterten im Flussbett, schlugen gegeneinander, zerbrachen. Es rauschte von oben herab. Blitze zuckten kreuz und quer, alle Wetter tosten durch die Lüfte, zogen sich in raue Gegenden zurück, kehrten wieder und wieder, jedes Jahr mit kleiner gekörntem Hagel. Aber niemand sah, niemand hörte, niemand fühlte, was durch Mark und Bein gegangen wäre. Hier gab es noch niemanden. Langsam kamen lieblichere Zeiten. Moos, Silberwurzkraut, Polarweiden und Zwergbirken wuchsen. Rentiere und Moschusochsen zogen umher. Füchse schnürten hinter Maulwürfen her und schnappten sich manchmal einen. Kohlweißlinge gaukelten durch die Luft, landeten auf Wildrosenblüten, klappten mit den Flügeln. Rehmütter säugten Rehkinder. Wildschweine trabten durchs Gehölz und schabten ihre Schwarten an rissigen Stämmen, wühlten, grunzten, suchten Eicheln.

Bienen summten im Heidekraut, nahmen sich Nektar, machten sich Honig. Über säuerlich duftenden Buchenwäldern dehnte sich ein frischer Himmel. Kuckuck und Lerche riefen übers Moor. Damals war hier noch so viel Wald, dass die Eichhörnchen das ganze Solsbüller Land, von Baum zu Baum springend, überqueren konnten. Über den Eichhörnchen segelten weiße, frisch aufgetürmte Wolken von Ost nach West und verschwanden in der Ferne, neue kamen aus der Ferne an, ein ständiges Kommen und Gehen. Da kam auch der liebe Gott vorbei und sah, dass es gut war, und schuf die Sage von dem Sack Erde, den er hier gesiebt und ausgestreut hatte. Er sah die Hügel, er sah die Solsbüller Au, die breit wie der Mississippi und unergründlich tief wie der Blautopf bei Blaubeuren war. So ähnlich erinnerte sich übrigens Meggersee selbst: Unermessliche Tiefen, reißende Fluten und lebensgefährliches Baden in der Jugendzeit, wovon heute keine Rede mehr sein kann. Der Boden der Tatsache, auf dem der junge Doktor steht, kann nicht anders, er ist dünn und brüchig. Zurück zum lieben Gott. Ein paar Viechern, die Nachwuchs bekommen hatten und zartestes Gras rupften, streichelte er gerade die schönen Hälse, da sah er die ersten Solsbüller. Er meinte es gut mit den Solsbüllern und sagte nichts, ging weiter Richtung Kiel und Lübeck.

Jochen Missfeldt

Heimatmuseum

Doch die Eröffnung unseres Heimatmuseums verlief nicht so, wie wir es uns gewünscht hatten. Wenn es nach uns gegangen wäre, dann hätten wir an einem beliebigen Sonntagvormittag das Inventar gemeinsam, vielleicht mit unwillkürlicher Ergriffenheit, in

Augenschein genommen, hätten zunächst Schwarzsauer, später Schmalzgebackenes auf der Holzveranda gegessen und am Abend hätten wir, bei einheimischen Nikolaschka, die Geschichten aufgewärmt und serviert, die einer vom andern erwartete und sich lediglich leicht variiert wünschte. Die Schleswiger Presse sorgte dafür, dass die Eröffnung eine Aufmerksamkeit fand, die nicht auf Egenlund beschränkt blieb – die Schleswiger Presse mit ihren bebilderten Vorausartikeln, ja. Manch einer zögerte später nicht, den Eröffnungstag einen großen Tag zu nennen. Also denk dir Girlanden und blauweiße Fähnchen, Tannengrün an der Veranda des Kemenatenhauses, denk dir eine kleine, doch traditionsreiche Kapelle, die gestellt wird von ehemaligen Absolventen der Lucknower Feuerwehrschule, ferner die sogenannte Lucknow-Jugend, meist stumpfblonde Jungen und Mädchen in heimatlichen Trachten, sowie den Ältestenrat des Lucknower Heimatvereins, der sich längst wieder gegründet hatte, ohne dass wir in Egenlund es erfuhren. Der Ältestenrat machte vor, wie man sich in Erwartung eines Vertreters der Landesregierung beträgt. Der örtlichen Presse schien die Kombination von Branntwein und Leberwurstscheiben zuzusagen. Auf der geriffelten Schlei dümpelten Boote, Segel- und Ruderboote, unwillkürlich angezogen von der Versammlung oben auf der Steilküste. Was noch? Die schnell gezimmerten Tische und Bänke unter den Rotbuchen darf ich nicht vergessen, und ebensowenig die gemietete Gulaschkanone, in der seit mehreren Stunden, vom ehemaligen Chefkoch des »Luisenhof« beaufsichtigt, Fleck mit Majoran kochte, zerkochte … Was meint du? Bekannte? Ob alte Bekannte erschienen? Du wirst dich wundern, wer alles es für nötig hielt, zur Eröffnung unseres Heimatvereins anzureisen – oft genug übrigens auf Grund einer Bekanntmachung in der neu gegründeten Zeitung »Der Lucknower

Bote«, die wir an diesem Tag zum ersten Mal zu Gesicht bekamen. Vielleicht hast du bereits gemerkt, dass uns, obwohl wir ja das Museum geplant und eingerichtet hatten, das Programm der Eröffnung entglitten war; abgenommen hatte man es uns, weggeredet unter Hinweisen auf die übergreifende Bedeutung dieses Ereignisses, und zuletzt blieb uns nur noch übrig festzustellen, dass der Ältestenrat des Lucknower Heimatvereins die sieben Programmpunkte, einschließlich des »gemütlichen Teils« beschlossen und gedruckt hatte. Es fehlte nicht viel, und wir hätten abermals den Eindruck haben müssen, dass uns unser Museum nicht mehr allein gehörte. Aber lassen wir das.

Siegfried Lenz

Unter Gelehrten üblich

Adam Olearius, der Gottorfer Hofmathematiker, Kurator des herzoglichen Kuriositätenkabinetts und Autor eines Berichts über eine strapaziöse Gesandtschaftsreise nach Russland und Persien, von der der wenige Jahre zuvor fast unbeschadet zurückgekehrt war, war eigentlich nicht auf den Mund gefallen, doch heut fiel ihm vor Unruhe das Sprechen schwer. Denn vor ihm stand, umringt von einemhalben Dutzend Sekretären in schwarzen Kutten, bedächtig, aufmerksam und seine unbegreiflich reiche Bildung wie eine leichte Bürde tragend, kein anderer als Pater Athanasius Kircher, Professor des Collegium Romanum.

Obwohl es ihr erstes Treffen war, behandelten sie einander, als hätten sie sich schon ihr halbes Leben lang gekannt. So war es unter Gelehrten üblich. Olearius erkundigte sich, was den ehrwürdigen Kollegen hergeführt habe, wobei er absichtlich im Unklaren ließ, ob er damit das Heilige Römische Reich Deutscher Nation oder Holstein oder das hinter ihnen aufragende Schloss Gottorf meinte.

Daniel Kehlmann

Das ist die Ostsee

Jäher Wind fuhr mir ins Haar, und ich stellte mich auf die Fußmatte. In sanft abfallenden und nur hier und da von Hecken, Bäumen oder einem Reetdach unterbrochenen Wellen erstreckte sich das übersonnte Land, die Weiden und die weißen Äcker, bis zum Meer. Nirgendwo ein Mensch, doch aus den kleinen, weit voneinander entfernt stehenden Häusern mit den krummen Schornsteinen stieg Rauch in den Himmel, verflüchtigte sich im Blau. Auch die Brandung war nicht zu sehen. Riesige, bizarr gezackte Haufen Packeis hatten sich davor aufgetürmt, ein endlos langer, im Innern hier und da türkisfarbener Wall, von verwehtem Schnee überstäubt. Ein paar Möwen saßen darauf.

Ich atmete tief, fühlte die eisige Luft in den Lungenspitzen, und die kurzen Fasern der Matte, Kokosfasern, stachen durch meine Strümpfe. Doch ich dachte nicht an eine Laufmasche und streckte den Arm aus, zeigte zum Strand. »Sehen Sie nur! Sehen Sie, da!«

Er lachte auf, es klang ein wenig onkelhaft. »Ja doch, junge Frau. Das ist die Ostsee. Die kriegen Sie gratis dazu.«

Ralf Rothmann

Die Wunder auf Gottorf

In der Stadt Schleswig aber gingen Erzählungen wunderbarer Geschehnisse von Mund zu Mund, die sich auf dem Schloss, im Neuwerk, in Louisenlund und den Wäldern draußen zugetragen, meistens bei Nacht, doch auch im hellen Sonnenlicht. Es gab Einzelne, die solchen übernatürlichen Vorgängen und magischen Erscheinungen mit beigewohnt hatten und zu beschwören vermochten, dass von dem Gerücht nichts an ihrem überwältigenden Eindruck vergrößert werde. Mit einer gewissen Gelassenheit nahm man in der Stadt noch auf, dass dem Landgrafen und seinen Begleitern im abendlichen Walddunkel am Rande des Neuwerks der ruhelose Geist des Königs Abel auf einem Knochenpferde dahinjagend und begleitet von seinen drei feurigen Hunden begegnet war.

Wilhelm Jensen

Die Tochter meines Vaters

Wenn man die Straße zum Strand nahm, die am Ortskern von Kleinulsby vorbeiführte, ungefähr auf Höhe des Neubaugebiets, lag das Haus mit dem Schild im Fenster auf der rechten Seite. Wenn jemand das Beratungszimmer von der Straße aus betrat, leuchtete in unserem Wohnzimmer ein Lämpchen. Dann rückte mein Vater seinen Krawattenknoten zurecht und ging, den Kunden zu empfangen. Meine Mutter hätte lieber eine hübsche Türglocke gehabt; die Meldelampe im Wohnzimmer störte sie, weil sie nur aus einer Glühbirne bestand, auf eine Art Ständer geschraubt, mitten auf der Anrichte, und weil das Kabel unter der

Decke verlief, wo mein Vater es mit Klebeband befestigt hatte. Aber mein Vater bevorzugte es, wie ein Geist aus dem Nichts aufzutauchen, allwissend und diskret.

Wir hatten nicht viele Kunden. Die alten Leute in Kleinulsby gingen zu den Bestattern in Eckernförde oder Kappeln, weil sie niemandem trauten, der erst so kurze Zeit im Ort wohnte wie wir, und aus dem Neubaugebiet starben nicht so viele. Da wohnten junge Familien in Häusern, die sie sich aus einem Katalog ausgesucht hatten, mit Gärten davor, in denen noch nichts wuchs außer ein paar kleinen Papiertütchen auf Holzstöckchen. Die Todesfälle im Neubaugebiet waren besonders traurig, und wir übernahmen sie mit besonderes viel Sorgfalt. Mein Vater spekulierte auf Stammkundschaft. Er machte sich nichts daraus, dass das Geschäft nicht gut lief, weil er wusste, dass er den Boden bereitete für die kommende Generation. Also für mich. Wenn ich ungefähr dreißig war, würden die Leute aus dem Neubaugebiet anfangen, eines natürlichen Todes zu sterben, einer nach dem anderen, und dann würden sie alle zu F. Lauritzen Bestattungen kommen, weil sie meinem Vater vertraut hatten und nun mir. Das war das Prinzip des Familienunternehmens, und mein Vater hatte eines gegründet. Deshalb hieß ich Felizia. So brauchte ich später nicht einmal das F. in »F. Lauritzen« zu ändern.

Mareike Krügel

Wann wird es endlich wieder so

Dabei war die norddeutsche Kleinstadt vor den Toren der Anstalt eine sehens-, ja sogar besuchenswerte. Schleswig hat einen Dom mit einem nicht sonderlich alten, etwas zu kantig geratenen Turm und im Inneren den – so wurde immer behauptet, so wurde es einem schon in der Grundschule eingebläut – weltberühmten Brüggemann- oder Bordesholmer Altar. Wenn ich später in anderen Städten, um meine Heimatstadt näher zu beschreiben, den Namen dieses Altars erwähnte, hatte noch nie jemand von ihm gehört. Leider kann man nicht nah genug an ihn herantreten. Unmöglich, die auf Postkarten vergrößerten und markant geschnitzten Figuren im dunklen Getümmel des Originals zu erkennen. Der Dom liegt einige Meter tiefer als die ihn umstehenden Häuser, da man im Mittelalter auf dem geweihten Grund weder Abfälle noch Fäkalien zurücklassen durfte. Im Lauf der Jahrhunderte wohnten sich die Kleinstadtbewohner um den Dom herum auf ihrem Dreck gute drei Meter in die Höhe. Wie eingesunken liegt er nun im ältesten Teil der Stadt in einer tiefen Mulde. Rein rechnerisch würden sich die Schleswiger in fünfzehntausend Jahren auf ihrem Unrat bis zur Kirchturmspitze hinaufgemüllt haben. Eine andere Attraktion: Schloss Gottorf. Ein von einem Wassergraben umschlossener, eindrucksvoller Bau mit einer sehenswerten expressionistischen Gemäldesammlung. Wenn wir ausnahmsweise mal Besuch bekamen, fuhren wir entweder stundenlang ins Noldemuseum nach Seebüll oder mussten in die expressionistische Sammlung Schloss Gottorfs. Dort liegen in Glaskästen aufgebahrt auch die berühmten Moorleichen aus dem nahe gelegenen Haithabu, einer der größten Wikingersiedlungen, die es je gab. Jeder in meiner Heimatstadt kennt diese schwarzledernen Mumien mit den verbundenen Augen, den teilweise noch geflochtenen, feuerroten Haaren, den Spangen und durchlöcherten Sackumhängen. Auf der Suche nach ihren Wurzeln und um dem strukturschwachen Norden etwas Gutes zu tun, sind sich die Bewohner meiner Heimatstadt im Laufe der Zeit ihrer Wikingerherkunft immer bewusster geworden. Man könnte sogar so weit gehen zu behaupten, dass viele Schleswiger nie so recht wussten, wohin mit sich, und erst durch die Freilegung ihrer Wikingerseele zu sich selbst gefunden haben.

Joachim Meyerhoff

Sonnenaufgang

Lone Fabricius konnte nicht schlafen. Selbst nachts war es in letzter Zeit zu heiß. Sie wälzte sich im Bett, und schließlich stand sie auf, als das erste Licht des Morgens dämmerte und die Vögel vor dem gekippten Fenster wie aufgezogen zu singen anfingen. Es gab eine Stelle in der Nähe, an der man mit dem Auto fast an die Steilküste heranfahren konnte. Die Ostsee hieß schließlich so, weil sie im Osten lag. Es musste also möglich sein, einmal im Leben einen anständigen Sonnenaufgang über dem Meer zu sehen. (…)

Sie stieg ins Auto, ohne sich zu schminken oder auch nur die Haare zu kämmen. Sie trug praktische Kleidung, eine Sweatjacke warf sie auf den Beifahrersitz zu ihrer schwarzen Tasche, denn sie wusste, das Wetter im Norden war selten wie erwartet.

Eigentlich sollte man Sonnenaufgänge mit anderen Menschen zusammen ansehen. Am besten mit einem Partner, einem Herzensmenschen, einem Mann, wenn man, wie sie, heterosexuell war. Aber in letzter Zeit war ihr niemand über den Weg gelaufen, den sie bei Sonnenaufgang hätte dabeihaben wollen. Es würde auch alleine schön sein.

Mareike Krügel

Die Landschaft

Die Landschaft, in der wir lebten, hieß Schwansen – ein schmaler Streifen Land zwischen der Eckernförder Bucht und dem langen Fjordarm der Schlei an der schleswig-holsteinischen Ostsee. Überall gab es einzelstehende Bäume, vor allem Eichen, die sich im Winter mit ihren verkrümmten Ästen in den Himmel krallten. Mein Vater erklärte mir, dass die großen Eichen in unserer Gegend besonders alt waren, Hunderte von Jahren alt, und dass niemand sie fällen durfte. Und ich sah, dass sie alt waren, denn sie sahen genauso aus wie die Alten bei uns im Dorf, deren Haut aus Rinde war und deren Arme zu Ästen geworden waren.

Im Sommer war Schwansen so grün, dass man Angst hatte, die Büsche, die links und rechts der Straße standen, könnten einen zwischen sich erdrücken, wenn sie sich nur noch wenige Zentimeter weiter ausdehnten. Es gab einige kleinere Moore, es gab Hünengräber, Mischwälder, künstliche Alleen, die zu den zahlreichen Gutshäusern führten, und es gab das Meer. Dort, wo wir wohnten, war das Meer allerdings nicht besonders beeindruckend. Die Eckernförder Bucht war so schmal, dass man das andere Ufer bei fast jedem Wetter sehen konnte und meinte, hinüberschwimmen zu können. Gerade deshalb war es ausgezeichnet zum Baden, und daher gab es zu beiden Seiten der Bucht einen Campingplatz neben dem anderen. Direkt beim Strand von Kleinulsby begann ein mäßig bescheidenes Stückchen Steilküste, von der regelmäßig große Teile abbröckelten und auf den Sand fielen.

Mareike Krügel

Hotel der Schlaflosen

Während der Rückfahrt von einer Finissage in Flensburg, wo erfreulich viele Arbeiten verkauft worden waren, entdeckte er auf einer Autokarte – er benutzte noch Autokarten – den Ort, an dem er als acht- oder neunjähriger Junge ein paar glückliche Ferienwochen verbracht hatte: Osterwieck an der Alten Eider. Seine längst verstorbenen Großeltern hatten in dem Dorf gelebt, das winzig war, wenig mehr als ein Gutshof, und in ihrem Haus, einer strohgedeckten Kate am Ende eines Ligusterweges, waren seine ersten Aquarelle entstanden. Das wollte er Elisabeth zeigen.

Ralf Rothmann

DITHMARSCHEN

Dithmarschen ist eine widersprüchliche Landschaft. Im Osten die hügelige Geest mit ihren in die Wälder eingebetteten Ortschaften, im Westen die Marsch mit der Nordseeküste, den Deichen, den Bädern. Im Norden das große Eidersperrwerk, im Süden der Nord-Ostsee-Kanal. In gewisser Weise liegt Dithmarschen an der schleswig-holsteinischen Peripherie. Die Hauptverkehrswege verlaufen (wie die Autobahn 7) oder verliefen (wie der Ochsenweg) am Land vorbei. Aber die Randlage muss nicht bedeuten, dass hier periphere Literatur verfasst wird. Dithmarschen hat seine eigene Geschichte und damit auch eine eigenständige Kulturprägung.

Vergleichsweise spät wurde der Landstrich Teil der Herzogtümer, die reichen Bauern im Land waren stolz und vor allem waren sie gerne frei und unabhängig. Das mag nicht nur in der Geschichtsschreibung, sondern auch in der Literatur allgemein einen Niederschlag gefunden haben. Die Eigenständigkeit hat hier ebenso Tradition wie das republikanische Erbe. Die frühneuzeitliche Bauernrepublik, deren Andenken bis heute gepflegt wird, ist dafür ein beredtes Zeichen. Dass der Landstrich auch eine nationalsozialistische Hochburg gewesen ist (mit dem Projekt des Dieksanderkooges nicht nur als Blaupause für Neulandgewinnung an der See, sondern auch im Osten Europas), spricht nicht dagegen. Die Erdverbundenheit hat hier Tradition. Gustav Frenssen ist ein herausragender Protagonist, aus Barlt stammend, zu seiner Zeit teilweise berühmter als Thomas Mann. Heute würde man ihn einen Bestsellerautor nennen. Der Pastor schrieb indes rassistische, völkische und antisemitische Texte und ist heute zu Recht vergessen. Aber er ist ein Teil des Literaturlandes Schleswig-Holstein – wenn auch ein problematischer – und findet deswegen hier seine Aufnahme. Mit Frenssen allein wäre die Gegend jedoch literarisch nur unzureichend erfasst, Dithmarschen soll nicht auf den unrühmlichen Autor reduziert werden. Klaus Groth stammt von hier, der bedeutendste der niederdeutschen Dichter des Landes. Sein Freund und Förderer, der Germanist Karl Victor Möllenhoff wurde in Marne geboren. Friedrich Hebbel kommt aus Wesselburen, Sarah Kirsch fand hier den »Himmel auf Erden« und lebte bis zu ihrem Tod in Tielenhemme.

Arno Schmidt lässt allein Tellingstedt den Atomkrieg überstehen. Der Ort wird bei ihm zum musealen Relikt des alten Europa, so als finde sich in der Landschaft zwischen Eider, Treene und Nordsee der Nukleus all dessen, was die europäische Kultur ausmacht. Vielleicht ist das sehr treffend für Dithmarschen, hier findet sich eine vielfältige Landschaft, eine turbulente Geschichte, ein großes Selbstbewusstsein, dass Fremdem häufig skeptisch gegenübersteht und dabei ein starkes Heimatbewusstsein zeigt. Gleichzeitig findet sich der Reichtum, der Europa ausmacht: ausgeprägte landwirtschaftliche und industrielle Produktion, ein erhabener gotischer Dom in Meldorf, eine Hochschule und, natürlich, Sommerfrische in Büsum. Für Dithmarscherinnen und Dithmarscher ist der Rand die Mitte und die Region ein wichtiges Element in der vielfältigen Kultur Schleswig-Holsteins.

Hier ist Heide

Das Brummen schläferte mich ein, und ich döste und hörte, wie man ein Motorboot mit wenigen Handgriffen in zumindest einen Motorsegler umfixen könne, wie von weither.

»Hier ist an sich schon Heide«, sagte Broder, und ich fuhr hoch. Gärten, wie grün angekachelt, Johannisbeerbüsche im Stechschritt und Kohl in der Ecke. Ein Mann kam uns entgegen, ein Lehrer, dachte ich.

»Das ist Kriminalobermeister Schult von der Heider Kriminalpolizei.« Das saß. Broder sah verstohlen zu mir rüber, und ich war beeindruckt. Eine Frau trat aus dem Haus, ein Kind eng an den Beinen. Man gab sich die Hand, wir wurden vorgestellt.

»… und das ist Frau Schult«, und ich hörte mich »angenehm« sagen. Erst mal ins Haus. Ruckzuck das Bier auf den Tisch, eine Flasche kippt um, Frau Schult Lappen auf den Tisch, kann jedem passieren, und nach einiger Zeit über berittener Polizei und zu wenig gutem Nachwuchs in Deutschland standen wir auf, »danke fürs Bier«. Broder suchte immer noch meinen Blick, ein wenig Triumph auf seiner Seite.

»Wat'n Dach«, sagte Ove und zeigte ins Wolkenlose.

Gerrit Bekker

Mien Jungsparadies

De Ankunft bi Hansohm weer natürlich erst dat schönste. Ick woor empfungen as en Prinzen un wenn ick naher vör de grote Ställdör över de Straat op't Gelänner seet – dar leep de Slüs' beek dicht vörbi – so seet ick dar as de König: de Knecht, dat Mäden, de Kedenhund, de Dachshund, de Speelkameraden keem' un begröten mi, un all as se spreken kunn, harrn se Fragen, de mi noch klingt as dat Beiern, womit man een Fest inlüdt: »Ok mal wedder in Tellingsted, Johann? Mit Hansohm kam? Op en acht Dags Tied?« Un de acht Dag' legen lingelang vör mi utreckt, vun'n Morgen bet to'n Abend as luder Glück un Seligkeit. Denn hier seegen sogar de Bettlers un de Kröpels vergnögt ut, wenn se mi sehn, un jede Gestalt weer as en Bloom, de eerst eben bespreekelt is, oder as en Gaarn na en Fröhjahrsregen. Dar duken Gestalten op, de ick kum wedderkenn', se weern gröter woorn oder old woorn oder harrn en annern Rock an: Aver alle kenn' se mi un ick muß mi mit se torechtfinn' as mit ole Bekannte. So dicht wuß Fründschop un Leev in Tellingsted!

Klaus Groth

Dieselben ängstlichen Verhältnisse

6. August
Ueber Nacht träumte mir: ich arbeitete in Dithmarschen einen Bericht in einer Armensache aus, in der ich ein Versehen begangen hatte. Dieselben ängstlichen Verhältnisse, die mich immer zwangen, Alles über mich ergehen zu lassen und meine Rechtfertigung in meiner Brust zu verschließen; kein Gedanke an die gänzliche Veränderung meiner Lage. Die menschliche Seele ist doch ein wunderbares Wesen, und der Centralpunkt aller ihrer Geheimnisse ist der Traum. Diejenigen Träume, welche etwas ganz Neues, wohl gar Phantastisches, bringen, sind in meinen Augen bei weitem nicht so bedeutend, als diejenigen, welche die ganze Gegenwart bis auf die leiseste Regung der Erinnerung töten und den Menschen in das Gefängnis eines längst vergangenen Zustandes zurück schleppen. Denn bei jenen ist doch nur dasselbe Vermögen wirksam, worauf die Kunst und Alles, was mehr oder wenige annähernd zu ihr heranführt, beruht, und was man Phantasie zu nennen pflegt; bei diesen aber eine ganz eigentümliche rätselhafte Kraft, die dem Menschen im eigentlichsten Verstande sich selbst stiehlt und die ausgemeißelte Statue wieder in den Marmorblock einschließt.

Friedrich Hebbel

Unerhörte Absonderung

Eine unerhörte Absonderung von der Welt in der kleinstädtischs-
ten aller kleinen Städte, eine Beschränkung von den allerersten
Jahren auf den Umfang des väterlichen Hauses und Gartens, ge-
wöhnte mich den Stoff für die unersättlichen Bedürfnisse meiner
kindischen Phantasie nicht aus dem Leben und der Natur, sondern nur aus Büchern, Kupfern und Gespräch zu nehmen.

Barthold Georg Niebuhr

Westwärts

Während im Rückspiegel dunkel die Hügel
der Geest sich zu Abenddunst auflösen,
sausen wir, als wäre die Erde hier
eine unendliche Scheibe, gerade

der Sonne nach, die vorauseilend
den Weg zur Westküste leuchtet, hier
scheinen die Wiesen ein Riesenflughafen,
die Straßen Startbahnen zum Himmel,

dessen wabernde Abendgewölkmasse alles
anzieht, wie die Schafe der Marschen langsam
in Wolken übergehen, gewöhnen
wir uns an die Weite, werden

so frei, dass wir es nicht mehr spüren,
das große mehr und mehr eindunkelnde
Land unter unseren Rädern, denen
die Sonne unaufhaltsam davonrollt.

Bodo Heimann

Der leuchtende Landstrich

Der leuchtende Landstrich
heißt mit Wasserlilien willkommen.
Schwarzblühendes Feiertagsgras
Kniekehlenküsse und Zittern
Ausgebreitete Schatten im Wind Brach-
Vögel mit lächelnder Miene
Der geschlängelte der baumgefiederte Deich
Und Wolken von Schafen verteilt Treppen und
Stege dies Seelenländchen ein grüner
Himmel auf Erden die nimmermüden
Überquellenden Knicks sind ein Halt
Für meine weitsichtigen Augen.

Sarah Kirsch

Die Flut

Ich bewege mich auf dem Knüppeldamm vorwärts.
Die Ruten der Purpurweiden begleiten mich lange
Eh sie zurückbleiben müssen mein Spiegelbild
Im offnen Wasser erscheint eilt schnell voran

Dass ich Mühe habe zu folgen es springt auf den Wellen
Begibt sich zu untergegangenen Bäumen oder
Ins zerborstene Gewölb zuletzt der Kapelle
Wo der zerschmetterte Schäfer aufgebahrt liegt.

Die Dörfer sind ausgestorben seit langer Zeit.
Moore haben trockengelegte Felder und Wiesen
Geduldig zurückgeholt ihren wabernden Körper
Weiter denn je in die Ebne geschlagen der schmale
Knüppeldamm ist das letzte geheime Zeichen ich sehe
Das falbe das unwirkliche Pferd über die schwefligen
Strudel jagen. Wie leer der Himmel nun
Über mir ist. Kein Stern keine Wolken und keine

Vogelschwinge im Lufthauch. Es ist als würde
Nichts existieren obgleich die Haare sich sträuben
Ich weiß nicht ob ich lebendig bin schwarze
Verlorenheit seltsames verzögertes Knistern
Während die Nägel flink wachsen als wär ich
Ein Leichnam. Eine hellgrüne Kugel geht ferne
Und schön am Horizont auf ich sehe ein neues
Gestirn über steigenden Wassern.

Sarah Kirsch

KIEL, RENDSBURG UND ECKERNFÖRDE

Goethe hat von seiner Reise in den Süden einen Satz über eine Stadt verfasst, der so gleichsam für Kiel gelten könnte: Die Gegend musste eine Stadt herlocken. An einem Fjord gelegen, auf einer ursprünglichen Insel, ging es hier, trotz Residenz, Hafen und Universität, lange Zeit nur bedächtig zu. Erst die Marine und der Schiffbau brachten einen Boom in der Ausdehnung der Stadt und den Zuwachs an Bevölkerung. Die Kehrseite allerdings war eine weitgehende Zerstörung im Zweiten Weltkrieg: Mit der Marine kam erst Aufschwung, dann Untergang. Kiel musste mühsam wieder seinen Platz erringen, als Landeshauptstadt (in der Konkurrenz zu Schleswig), als Hafen für Fähren und Kreuzfahrer und natürlich auch mit einer Universität, die bis heute für viele junge Gesichter im Stadtbild sorgt.

Wer etwas über das Kiel der Zwischenkriegszeit und der Nachkriegsjahre erfahren möchte, lese die Erinnerungen des Peter Wapnewski, in Kiel geboren, Schüler – wie so viele bekante Gesichter – der Kieler Gelehrtenschule.

Literarisch hat die Stadt dennoch so viel zu bieten, dass der Philosoph und Autor Walter Arnold regelmäßig literarische Stadtrundgänge anbieten kann. Die bekanntesten Vertreter der Literatur aus Kiel sind sicherlich Klaus Groth und Feridun Zaimoglu. Ja, man muss beide in einem Atemzug nennen. Ersterer wacht mit einem imposanten Denkmal über die Stadt, der zweite ist aktiv als zeitgenössischer Autor, Dramatiker und feste Größe im Kulturleben des Landes. Groth, aus Dithmarschen kommend, ließ sich später in Kiel nieder und zwar ausgerechnet am Schwanenweg, ganz in der Nähe der Villa, in der sich heute das Literaturhaus Schleswig-Holstein befindet. Auch Zaimoglu ist ein Zugereister, aber sein Name und seine Texte sind mittlerweile eng mit der Stadt verbunden, nicht erst seit »Kanak Sprak«, mit dem er dem migrantischen Milieu und seiner Kultur ein Denkmal setzte. Die Revolution 1918, die maßgeblich von Kiel ausging, fand ihren Niederschlag in unzähligen Geschichten und Berichten, am bekanntesten noch im umfangreichen Werk Alfred Döblins über den November 1918, bei Theodor Plievier, der die Ereignisse fast minutiös aufschrieb und dafür zahlreiche Interviews führte bis hin zu Klaus Kordon, der ein Jugendbuch über »Die roten Matrosen« verfasst hat.

Interessanterweise ist Kiel noch mehr eine Stadt der Lyrik. Schon Klaus Groth verfasste Gedichte, Heinrich Detering wirkte an der hiesigen Universität, dazu Annemarie Zornack, Bodo Heimann, Hans-Jürgen Heise, Arne Rautenberg, um nur einige zu nennen. Nicht zuletzt hat sich in jüngster Zeit eine aktive Szene aus Poetry Slamern gebildet, hier im Buch vertreten durch Björn Högsdal, der mit einer ganzen Reihe junger Leute lyrische Tradition aufgreift und sie im neuen Gewand und mit aktuellen Themen präsentiert.

Ob man auch heute noch in Rendsburg nicht so gut schläft? Theodor Storm jedenfalls vermutete das seinerzeit. Nun, zumindest brachten aufklärerische Tendenzen den Emkendorfer Kreis um den Schlaf. Der literarische Salon von Friederike Juliane von Reventlow umfasste zum Ende des 18. Jahrhunderts so illustre Namen wie Heinrich Christian Boie, Matthias Claudius. Friedrich Gottlieb Klopstock, Johann Caspar Lavater, Friedrich Leopold Graf zu Stolberg, Johann Heinrich Voß oder Friedrich Heinrich Jacobi. Er bildete unter anderem eine Art Gegengewicht gegen die Theologie an der Universität Kiel, die aus seiner Sicht allzu rationalistisch gelehrt wurde. Die Differenzen zwischen Stadt und Land, wie wir sie heute kennen, sind nicht neu, es gab sie schon vor einigen hundert Jahren. Obwohl: Man unterstützte auch Liberale wie Franz Hermann Hegewisch. Hat Matthias Claudius sein berühmtes Abendlied wirklich in Emkendorf verfasst? Die Landschaft würde zu dem Text passen, aber der Germanist Dieter Lohmeier sieht darin nur eine gefühlvolle Legende. Wenn es auch nicht wahr ist, schön vorzustellen wäre es schon. Emkendorf und Weimar sind durchaus vergleichbar, doch setzte man im holsteinischen Hügelland eher auf ein christliches Menschen- und Schöpfungsbild, ein kulturelles Zentrum für den Norden war Emkendorf und sein Kreis zu jener Zeit allemal.

Eckernförde war die Heimat Wilhelm Lehmanns und seine Texte sind stark vom Leben in und mit der Schwansener Landschaft beeinflusst. Ähnlich sieht es mit den Texten der (durchaus umstrittenen) Helene Voigt-Diederichs aus. Dem Reiz der Gegend verbunden waren auch Jurek Becker, der hier jahrelang Urlaub machte und Wolfdietrich Schnurre, der seinen Lebensabend am Westensee verbrachte. Was kann es Schöneres geben, als in den langen Sommernächten abends bei Hohenhude über den See zu blicken, mit seinen vielen Buchten, der Wind kräuselt das Wasser, Vögel ziehen ihre Kreise, über den Bäumen geht die Sonne unter und verzaubert Himmel und Wald in eine bunte Melange aller Farben des Regenbogens. Diese Gegend rund um die Förde lockte nicht nur eine Stadt, sondern auch viele Schriftstellerinnen und Schriftsteller.

Oktober

der See ist im Oktober grau geworden
am Ufer fault noch Eispapier im Moos
die Zweige zittern. Groß und uferlos
deht sich der Himmel und zergeht im Norden

die Krähen fallen ein in schwarzen Scharen
ein später Zug von Schwalben nur entrinnt
den unbekannten kommenden Gefahren

ein Jahr vergeht ein anderes beginnt
wir sind nicht mehr dieselben die wir waren
wir werden nie mehr die sein, die wir sind

Heinrich Detering

Die Sprache des Windes

Der Anemograph schreibt die Windstärke auf
doch er versteht nicht die Sprache des Windes
kennt nicht das Vokabular
reich an Fauch- Zisch- und Säusellauten
Der Anemograph ist ein Buchhalter
    aber der Wind … was für ein Poet!
im herbstlichen Stadtwald
zeigt er sich braun / bei Fördertürmen schwarz
und an Spaniens Küste sorgt er für das Aroma des Manzanilla-
    Weins
so pikant von Atlantiksalz und Ferne
…
Und natürlich kriegt er auch mich
am Schlafittschen – gleich nach Feierarbend
nimmt er mich an der Insitutstür in Empfang
seift mich ein mit überm Skagerak
geschlagenen Schneeschaum und
mit schartiger Schneide bearbeitet er

meine Wange doch in der Hinterhand
hält er eine Duftwolke bereit
die ich trotz Dunkelheit
schon auf einige Meter Entfernung
ausmache als das Parfüm meiner Frau

Hans-Jürgen Heise

Revolution in Kiel

Der Zug marschiert weiter – durch die Holstenstraße bis zum Markt, dann in die Brunswiker Straße hinein. Andere Patrouillen leisten keinen Widerstand. Sie lassen ihre Führer stehen und schließen sich dem Zuge an. Die in den Kaffeehäusern und Kinos sitzenden Matrosen kommen heraus und marschieren mit. Hinter ihnen werden die Türen geschlossen. Die Restaurants lassen die Rolläden herunter.

Theodor Plievier

sailor und matrosenbraut

der panamesische frachter
der vorbeituckert
heißt zukunft
hat aber keine mehr
durchgerostet wie er ist

ich mag das: son richtig
verhangenen nieselregentag
wenn man wasser und himmel
nicht mehr
unterscheiden kann
und die ostsee nicht länger
mimt blau und
mittelmeer zu sein

selbst die minensuchboote
und zerstörer
geben sich da noch grauer
diffuser / alle schiffe
alle funkfeuer
sind angetörnt
von solveigs lied und

ich komm dir
im seemannsgang entgegen
und bin zugleich
sailor und matrosenbraut

Annemarie Zornack

Die Unterschiede des Landes

Doch unser Land ist nicht eindeutig bestimmt (es sei denn durch
die Umarmung des Meeres), sondern dreierlei wirbt um die Aufmerksamkeit des Wanderers. Seine Oberfläche bildet eine Ebene,
die an der Westküste zum Teil niedriger liegt als das Meer. Öst-

lich erhöht sich diese Ebene, so dass vom Süden nach Osten ein Höhenzug sich hinzieht, wodurch das Land zwei Senkungen erfährt, an einer Seite zur Nord-, an der anderen zur Ostsee. Der eine Teil nun dieses Landes begreift das fruchtbare, hochgelegene Geestland an der Ostküste; der zweite Teil die unfruchtbare Geest in der Mitte des Landes, von Süden nach Norden verbreitet, und aus sandigem Boden, Heidestrecken und Torfmooren bestehend, und der dritte Teil das fruchtbare Marschland an der Westküste, zu dem außer dem Küstengebiet die Inseln der Westsee gehören: Pellworm, Nordstrand, die Halligen, ein Teil von Föhr und Sylt. Sieht auf dem dürren Mittelrücken der Hafer aus wie Haar auf dem Kopf eines kranken Kindes, so steht üppig und reich der Weizen im Kleiboden der Marsch – überall werden die Unterschiede des Landes auch dem flüchtig schweifenden Auge offenbar.

Wilhelm Lehmann

An Björn Engholm

19. 12. 1990

Lieber Björn Engholm,

zuerst meinen herzlichen Dank für Ihr Gratulationstelegramm zum Fallada-Preis. Zum zweiten möchte ich meine Freude darüber ausdrücken, dass Ihre Gegenwehr, Parteivorsitzender zu werden, allem Anschein nach erfolglos gewesen ist. Und schließlich drittens: ich habe die Sache von damals absolut nicht vergessen und nun (nach langer Suche) doch noch ein Haus in Schleswig-Holstein gekauft. Es liegt in Sieseby an der Schlei (übrigens direkt an der Schlei), ist ziemlich schön geworden, und seine Bewohner lauern nur darauf, Sie einmal dort zu begrüßen. Das ist absolut ernstgemeint: Wenn es Ihre Zeit zulässt, lassen Sie Jörn Thießen einen Besuch vereinbaren, man fährt von Kiel kaum mehr als eine halbe Stunde. Unsere Freude wäre groß.

Alles Gute fürs Neue Jahr, für Ihre alte und neue Arbeit und für Ihre Familie

Ihr

Jurek Becker

Sommerglück

Ein Dorfkirchhof im Herbst. Zwar sonnenlos,
Doch seltsam überhellt vom Schwefelschimmer
Der Linden, die vergilbt und sommermüd
Den flechtengrauen Backsteinturm umschmiegen.

So lautlos trauert die Septemberwelt,
Dass ich nicht aufstehn mag von meinem Steine,
Nur lauschen dem verträumten Fischersang,
Der von der blanken Bucht herüberschaukelt.

Da regt sichs – durch das gelbe Raschellaub
Ziehn Leichenträger stumm an mir vorüber.
Schon harrt der Priester dort am feuchten Grab,
Den armen schmalen Kindersarg zu segnen.

Des Küsters Singsang schleppt sich feierlich.
Lehmschollen dröhnen. Leises Frauenweinen.
Heim schleicht ein kleiner trauerschwarzer Zug
An mir vorbei zur offnen Kirchhofspforte.

Nun wieder lautlos die Septemberwelt
Und traumspukgleich erscheint mir, was ich schaute.
War nicht vielleicht mein müdes Sommerglück,
Das Geisterhände dort zu Grabe trugen …

Helene Voigt-Diederichs

verlangsamt in den kieler winter

vorn auf der holzbrücke
winkt eine fahne schnell
und unkontrolliert dem wind nach

über den kai hinweg
gibt ein einsamer bootsmast
den takt des meeres an

auf der anderen seite der förde
bewegen sich die kräne der werft
langsamer als meine zeit vergeht

Arne Rautenberg

Der Sperrmüllkönig

Zu einem der nächtlichen Fototermine geht ich mit Sina, damit sie mal zwei ist, wenn die Fischmarktkerle sie dort im kalten Neonlicht anstarren. Die Halle ist groß. Man kann mit dem Laster durchfahren. Zu beiden Seiten der Durchfahrt haben die Händler ihre bekachelten Verkaufsräume. Nachts um zwei beginnt die Schicht. Es ist saukalt heute. Der erste Händler, bei dem Sina fotografiert, gibt bereits Ton und Marschrichtung. *Jetzt KARPFEN essen!* steht auf einem neongelben Schild, das an der mittleren Kachelsäule hängt. Und just in diesem Moment werfen zwei bös fertige Typen Weihnachtskarpfen durch die Luft, während der Chef, ein ausgekochter alter Hase, danebensteht. »Das aber nicht fotografieren«, sagt er zu Sina. »Sonst krieg ich wieder Ärger mit dem Tierschutzverein. Auch die Messer hier mit dem Holzgriff dürfen nicht fotografiert werden. Sind aus hygienischen Gründen verboten. Immer nur Messer mit Plastikgriffen fotografieren.«

Etwa zwanzig lebende Karpfen werden aus einem der beiden Karpfenbassins gekeschert, dann durch die Luft in einen weißen Kunststoffbottich geworfen, der auf einer Waage steht. An der Waage steht der Ableser, gibt Größe und Grammzahl dem Chef durch, der die Daten einlistet. Dann fliegen die Karpfen wieder durch die Luft und knallen in eine Bretterwanne. Alle zwanzig. Jetzt geht schnell, was schnell gehen soll. Die Tötungsmaschinerie arbeitet Hand in Hand. Auf die Köpfe der ersten Karpfen sausen noch Totschläger, die übrigen werden lebendig vom Anus zum Bulbus arteriosus aufgeschlitzt. Täusche ich mich, oder haucht uns gerade eine brachiale Freude an der Grausamkeit an? Vier gummibehandschuhte Hände brechen die geschlitzten Kaltblüter auf und entreißen jedes Geheimnis. Haufenweise liegen

Innereien. Schwimmblasen berühren erste Außenluft. Mit einem Blockmesser werden die Karpfen halbiert. Ein Schlauch spült in gespaltenen Leibern. Die letzte Blutbahn verschwindet wässrig im Ausfluss. Fünf Minuten, das war's. Was mich so schockiert: nicht das viele dicke rote Blut, Karpfen bluten ja wie die Schweine. Wohl auch nicht die eingespielte Schnelligkeit des Tötens. Eher, dass ich bis zu diesem Zeitpunkt nicht wusste, dass Karpfen die niedlichsten Fische sind. Dass sie unter den Kaltblütern den Prototyp des Kindchenschemas stellen. Mir wird ganz unwohl. Sina ist mit ihrer Kamera schon weiter, fotografiert einen kleinen beleuchteten Tannenbaum in der Kachelecke beim Aalhändler nebenan. Dort stehe eine orangefarbene Betonmischmaschine, in der die Aale lebend in Salpetersäure durchgetrommelt werden, bis sie tot sind und aus der Maschine eine ekelhaft beißende Schwarzsuppe läuft. Sina kratzt das alles nicht. Sie ist schon wieder woanders. In der Fischräucherei neben der Halle. Eine Schillerlocke kauend kommt sie mir entgegen. »Alles klar?«, fragt sie.

Arne Rautenberg

Auf Tauchstation

Fisch – damit hängt aber auch, fern, undeutlich zunächst noch, eine grünspangelbe Uhrkette und das fasernde Bewusstsein von einer algenhaft wehenden Dämmerung zusammen. Ein Zimmer im Meer. Die Läden mit Muscheln besetzt und heruntergelassen. Seesterne am Tischbein. Die Tinte auf der laichgleißenden Schreibtischplatte von schwimmhäutigen Fäusten aus einer hundertarmigen Krake gepresst; und statt Fußboden Sand. Sand mit Wrackteilen dazwischen: Samtsofatroddeln, Plüschsessellehnen,

Buchdeckelfetzen, Blumentopfsplitter. All das gesprenkelt von ruhlosen Fischsilhouetten und aufwärts fliehenden Quecksilberperlen.

Und allmählich gerinnt dann aus dieser Versunkenheit auch wieder jenes Gesicht. Rund, kinnlos; die kauende Nase; die Dünung der Backen; die oxydierten Lidränder um die erkalteten Halbmondaugen; der schmale Streifen Stirnpergament, und gleich über der Nasenwurzel beginnend: die pedantische Scheitelallee, die den Kopf in zwei pomadig glänzende Haarschalen teilte.

Wolfdietrich Schnurre

Hafengegend

Nachmittags ging ich zum Hafen hinunter, um mit Pile Trak zu fischen. Die Hafengegend kann ich nicht mehr genau beschreiben, obgleich ich sie wie in einem Traumbild mit großer Deutlichkeit sehe. Das Auge des Kindes sucht selten zusammenhängenden Überblick zu gewinnen und ermisst keine Verhältnisse, sondern schaut auf Gegenstände, zu denen es Beziehung hat, und empfindet die Atmosphäre. Aus ihr entspringt meine letzte Vorstellung von dieser Gegend, meine Erinnerung an die schmale, dunkle Gasse, die zum Hafen niederführte, an die spitzgiebligen Wohnhäuser und Lagerschuppen und an den Mastenwald der Segelschiffe, der, wie ein dünnes braunes Himmelsgitterwerk, die Gasse geheimnisvoll abschloss. … Ich kannte von Pile Trak die Schiffe bei Namen, die Flaggen ihrer Nationen, die Heimat- und Bestimmungsorte ihrer Fahrten. Finnland, Dänemark und Schweden schickten die meisten Segelschiffe, die englischen

Kohlendampfer machten weiter aufwärts beim Güterbahnhof
fest. Wo der Wind klarer über die saubere gepflasterte Kaistraße
fuhr, lagen die bunten Passagierdampfer nach Korsör, immer ein
dänischer und ein deutscher.

Waldemar Bonsels

Westermühlen

Die Heimat hier und hier dein erster Traum!
Das Mühlrad rauscht, so lustig stäubt der Schaum,
Und unten blinkt der Bach in tiefem Schweigen,
Ein Spiegelrund, drin blau der Himmel ruht.
Vom Ufer rings mit ihren dunklen Zweigen
Taucht sich die Erle in die klare Flut.
Horch, Peitschenknall und muntrer Pferdetrab!
Die Räder knirschen durch den feuchten Sand.
Halt an, halt an! Nun sacht den Berg hinab
Und durch den Bach zum andern Uferrand.
Dann wieder aufwärts links den Weg entlang
Hinauf zur Mühle mit des Kornes Last,
Wo von der Eiche unermüdlich klang
Der Stare fröhlich Plaudern hoch vom Ast.
Zehn Schritte noch, da steht im Schattengrunde
Der Linden halbversteckt das Müllerhaus;
Der Müller mit der Tabakspfeif' im Munde
Lehnt in der Tür und schaut behaglich aus.

Theodor Storm

Wie liebe ich sie!

Nun stehe ich oben auf meinem Berg und sehe nach meiner Heimat hin und schaue die von meinem Herzen begehrten Dächer und Häuser, sehe ein reich besetztes Land. Die dunklen Farben herrschen vor, aber in der Mitte des Bildes strahlt es wie ein von rotem Mohn gefülltes Beet. Aber der Mohn löst sich in Häuser und Ziegeldächer auf, es ist mir ein wohlbekanntes Kirchdorf, das vor vielen Jahren abgebrannt und mit harter Bedachung wieder aufgebaut worden ist. Seitdem glänzen die Dächer im schönsten Rot. Wie es aus Gärten und Büschen und Blumen herausleuchtet! Ein paar Neubauten sind heraufgewachsen, die Schiefer tragen. Tot und hässlich, schwarz gestrichenen Särgen gleich, stehen sie mitten in der Blüte des Vergessens.

Ziegeldächer im Grünen sehen gut aus, aber noch besser gefallen mir die Strohdächer, die auch hier am Rand des Ortsweichbildes heraufgrüßen. Und sie gemahnen mich schier an Mutterhand und Liebe. Breit und gesegnet, alles in sich aufnehmen wollend, reichen sie tief hinab, und Bescheidenheit und Ehrlichkeit und Heimatliebe – alles liegt darin, Klugheit schaut aus den Giebeln. (…)

Wie liebe ich sie! Die Dörfer auf unserem Mittelrücken des vom Ural kommenden und nach Skagens Spitze hinauflaufenden Höhenzuges und die auf seinen Abdachungen. Und wie liebe ich seinen freien, selbstherrlichen, selbstbewussten Bauern!

Timm Kröger

Aufforderung

Auch wenn der Wind zausig übers Land bricht, den Fluss dunkelnd bewegt, komm trotzdem mit. Wolkengetüme verbergen zwar die Sonne, aber Kenner wissen, das muss nicht so bleiben. Hoch und blau protzt der Himmel manchmal, und oftmals ganz plötzlich.

Eiderlandschaft darf sich jederzeit ihrer Schönheit rühmen.

Drum komm mit. Zu welcher Wetterzeit auch immer. Erschrick nicht vor bizarren Weidenköpfen, den tiefgebogenen, wenn es dämmert. Auch nicht vor den gnomigen, rundumgestutzten. Die wachsen nach. Die schlagen aus zu neuer Gestalt. Das, das hier, hat immer noch die Verheißung von Dauer.

Und noch eines, aber verrat mich nicht: neulich sagte einer, hier könne man ein *Urlicht* anzünden.

Elisabeth von Ulmann

Kaum zu fassen

Am Sackbahnhof waren die Gleise noch oder wieder heil. Auch die Ostfassade mit dem Sandsteinwappen des Kaiseradlers über dem Relief des Merkur stand noch. Das Hallendach jedoch glich einem Gerippe, die Innenstadt einem einzigen Trümmerhaufen. Vom Bahnhof war der Blick bis zum Rathaus freigebombt. Nur der Rathausturm stand unversehrt. Die katholische Kirche daneben hatte den Helm verloren. Trostlos das Bild des Hafens. Da ragten mehr Wracks aus dem Wasser, als die deutsche Flotte in Scapa Flow zurückgelassen hatte. Das Ostufer – eine einzige Schuttwüste! Aber die Straßen, die vom Bahnhof in alle Richtungen führten, waren aufgeräumt. Selbst am Feiertag klopften Arbeitskolonnen den Mörtel von den Ziegeln, fleißig, ohne uniformierte Aufsicht. Sie sahen nicht nach Bauarbeitern aus, er entdeckte auch viele Frauen dazwischen. Wilhelm wusste noch nichts vom Freiwilligen Aufräumdienst, zu dem Oberbürgermeister Bratt aufgerufen hatte.

Kaum zu fassen, da kam die liebe alte Linie 1 angeklingelt, die ihn in die Nähe der Tirpitzallee bringen würde. Sogar die Scheiben der Straßenbahn waren heil. Noch immer ging es durch Trümmer. An Karstadts Ruine vorbei, von der Stadtkirche war nur das Gemäuer des Mittelschiffs übriggeblieben, das Schloss war ausgebrannt, Hotel »Stadt Schleswig« vom Erdboden verschwunden, die Universität ein Steinhaufen. Kaiser Wilhelm I., hoch zu Pferde, kehrte ihr wie ehedem den Rücken zu. Ross und Reiter hatten die Bombenteppiche nichts anhaben können.

Harald Eschenburg

Der echte Norden

Unser Motto geht inzwischen so: »Wir sind der echte Norden!«
Manchem Bürgermeister anderswo ist das fast schlecht geworden:
»So was geht gar nicht!« und wir sollen uns schämen!
Doch kam das nur aus Süddeutschland, also Hannover oder
    Bremen.

Niemand sagt, hier sei man besser oder schlechter,
doch geographisch ist der Norden bei uns einfach etwas echter.
Was den echten Norden ausmacht, hier im Jetzt und Heute
sind der Wind, sind die Wellen, sind das Land und seine Leute.

Was uns verbindet? Das sind Vielfalt, flaches Land und steife
  Brisen,
weiche Hügel, weiße Strände, roter Klinker, grüne Wiesen.
Echter Norden, das sind Grünkohl, das heißt Raps und Roggen,
und wenn wir ehrlich sind, heißt es auch nicht so richtig häufig
  trocken.
…
Wir haben zwei Horizonte und haben Hunger auf morgen,
und der Blick auf die See vertreibt Hunger und Sorgen.
Wir sind Luxus im Hotel, wir sind Campingplatz und Ferienhaus,
Du kennst uns auch als Tatort, falls du manchmal Serien schaust.

Nicht nur weil es so flach ist, ist hier sehr übersichtlich,
aber das heißt auch, man kennt sich, und das finden wir wichtig.
Lasst diese Lebensqualität unser Reichtum und Gold sein,
niemand ist so glücklich wie die Menschen in Schleswig-
  Holstein.

Björn Högsdal

Bankhaus Assmann und Söhne

Am nächsten Morgen erwähnte keiner von beiden, weder Johann Peersen noch Frau Jepsen, den Namen Ossenbrück. Wort-
los saßen sie in am Küchentisch und tunkten Brotstücke in ihren
Milchkaffee. Als Frau Jepsen gegangen war, wusch und rasierte
sich Johann Peersen ausgiebig, zog den guten Anzug an und
packte seinen Meisterbrief, die Baupläne, die er gezeichnet hatte,
die Aufrisse und Berechnungen zusammen. In einem Geschäft
am Markt kaufte er eine Tasche aus schwarzem Leder für seine

Papiere. Dann ging er zu Assmann und Söhne, der Bank an der Holstenbrücke, und verlangte in tadellosem Hochdeutsch und mit Nachdruck den für Kredite zuständigen Herrn zu sprechen.

Der alte Assmann persönlich war es, zu dem man ihn ins Kontor führte, ein Herr mit weißem Kinnbart und rötlichen Schnupfenaugen hinter der Goldrandbrille. Auf seinem Schreibtisch lag das Kontobuch, in dem Johann Peersens Einlagen verzeichnet waren.

Johann Peersen machte seine Verbeugung und stand wartend da, aufrecht, kein Mützendreher, der Maurermeister Peersen. »Sett di dal«, sagte Bankier Assmann in Kieler Platt, »und vertelln Se mi, was Se wülln.« Worauf Johann Peersen ihm hochdeutsch erklärte, dass er einen Kredit brauche, um ein Baugeschäft zu eröffnen.

Der alte Assmann starrte in das Kontobuch. Sein Gesicht verzog sich, er nieste mehrmals hintereinander in ein großes weißes Taschentuch mit gesticktem Monogramm.

Irina Korschunow

Dunkle Augen

In manchen Stunden werden meine Augen
dunkel, dann rase ich zurück in meine
Dunkelheit, bevor die ersten Worte
kamen: Am Gasthaustisch um drei Uhr
früh, dann rasselt etwas anderes im
Hals, dann liegt, im Gitterbett,
jemand, und seine dunklen Augen
starren an die Decke, weit zurück.

Und weiter noch, gegen halb Vier, die Augen
nachgedunkelt: Senf, der Grind in Fliegengittern,
Wiener, und stickig, über Land.
In manchen Stunden, Augenblick, Relikt. Das
Anstarren von Telefonen, nachts im Sessel
abseits, eingehüllt, und Kabel stöpseln
sehen, warten, schwach, bevor
die ersten Worte kommen, dort,
zurück mit dunklen Augen.

Marcel Beyer

Rein nach Kiel

Der Bus war leer, drehte seine Schleifen durch die Stadt ins freie
Land, fuhr an Bovenau vorbei, wo Luden Horn, der Wünschel-
rutengänger, Küster war, und ich dachte an den schönen Apfel-
garten hinter dem Pastorat, dann vorbei am Fußballplatz von
Bredenbek, knochenharter Provinzfußball, die Dicksten nach
hinten und immer mit dem Säbel in die Beine, und dann kam die
lange Gerade, und auf dem Buckel schwang der Bus auf, als wollte
er zum Flick-Flack ausholen. Die Kurve vor Achterwehr, Beck-
manns Gasthof, ich nickte ein und war dann schon in Kiel. Raus
aus dem Brotkasten, der Sack über die Schulter war so leicht, dass
ich gern einen Stein reingelegt hätte, damit er nicht so wackelte
beim Gehen, und gleich in die 4. Richtung Dietrichsdorf über die
Gablenzbrücke unten an der Hörn, wieder so eine Botanisier-
trommel.

Gerrit Bekker

Von dem seltsamen Glück

Johanna verabschiedete sich von dem Galeristen, hakte sich bei mir unter und steuerte ein Café an, das zur Abendstunde sich in eine Bar im Dämmerlicht verwandelte, wir sprachen unterwegs von dem seltsamen Glück, in Kiel zu leben, hier musste man genau wissen, wie man den Tag anging, in den Stadtführern und Wegbegleitern standen nur Lügen, Kiel war ein Außenposten der Kultur, hier lief alles auf Lebenserhaltung hinaus, die Kleinbürger spielten die gehobene Mittelschicht, die Proleten hatten genug von Form und Fitness, sie fraßen sich Speck an und kleideten sich trotzdem aufreizend. Wenn man sich der Temperatur der Stadt anpasste, verlor man bald den Mut und strich angepeitscht von diffusen Trieben zwischen den Häusern aus Klinker herum.

Feridun Zaimoglu

Vor dem Rathaussaal

Im Flur vor dem Rathaussaal, in dem die Empfänge stattfinden, hängen die Portraits aller ehemaligen Kieler Oberbürgermeister in Öl und schwerem Rahmen. Direkt gegenüber dem Saaleingang entdeckte ich Dr. Lueken, den Vater meines ermordeten Freundes. Schnell verschwand ich in den Straßen hinter dem Haus und kaufte eine wunderschöne rote Rose. Unauffällig, als fast alle Gäste im Saal waren, legte ich sie auf den Rahmen des Bildes, für ihn und seinen Sohn. Dann huschte ich schnell in den Saal. Nach der Veranstaltung trat mir ein reizendes junges Paar entgegen: »Frau Huber, wir sind solche Fans von Ihnen. Diese

Rose ist für Sie!« Und sie überreichten mir eine wunderschöne rote Rose, so wunderschön, wie es nur eine an jenem Tag in Kiel gab … Ich klärte sie natürlich nicht darüber auf, dass sie keine fremden Blumen von fremden Bilderrahmen klauen sollten – im Gegenteil, innerlich lachte ich Tränen. Zauberhaft. Es war so symbolisch: Meine Rose für Dr. Lueken war ein Geschenk an die Vergangenheit, *addio*, *good bye*, und dieselbe Rose war nun, als ihr Präsent an mich, eine Rose für die Gegenwart. Das sind die kleinen, großen Geschichten des Lebens, so leicht wie ein Wind und so schwer wie ein doppelter Aquavit.

Lotti Huber

Rauscht ihr Wogen

Klingt, ihr Wogen! Rauscht ihr Bäume!
Singt ein Lied im vollen Chor!
Legt sie an, die goldnen Säume!
Schüttelt wieder holde Träume!
Horcht! Der Kaiser lauscht empor!

Lange schauen wir in Sorgen
Oft auf diese blaue Flut.
Endlich kam der goldne Morgen,
Endlich waren wir geborgen,
Unter Deutschlands sich'rer Hut.

Deutschlands erster Kaiser nahte,
Und die Feinde rings entflohn.
Ja, der Himmel winkte Gnade;

Jetzt auf sich'rem Friedenspfade
Folgt ihm stets der Sohnes-Sohn.
...
Nun das große Werk vollendet,
Hält der junge Kaiser Macht.
Sieh! Da naht er selbst! Er spendet
Huld dem großen Werk und sendet
Dank den Vielen, die's vollbracht.

Rauscht ihr Wogen und ihr Chöre!
Freude ward uns hier zu Theil.
Laut erschall's zu Deutschlands Ehre,
Freudig hall's von Meer zu Meere:
Heil dem deutschen Kaiser, Heil!

Klaus Groth

Hat mein Mut die höchste Flut

Wir konnten die Inseln gar nicht loswerden, Møn und Lange-
land und Falster, und wie die Nester alle heißen, waren uns ewig
im Gesichte, und wir glaubten alle Stunden links hinüber nach
dem Mecklenburgischen geworfen zu werden. Endlich leierten
wir uns doch bis auf einige Entfernung von der Kieler Festung
Friedrichsort herein, aber es ging unerträglich langsam. Da kam
ein Fischerboot, das einige von der Gesellschaft aufnehmen und
einbringen wollte; aber man konnte, der Himmel weiß warum,
lange nicht einig werden. Ich hatte zum ganzen Handel noch
keine Silbe gesagt, weil ich Resignation spielte und niemand den
Platz im Boote nehmen wollte. »Wieviel kann denn das Boot

halten?«, fragte ich endlich. »Wohl sechzehn«, war die Antwort. Kaum war die Antwort gefallen, so hatte ich auch schon Hut und Stock, war hinaus an Bord, und saß im Boote. »Wer mit will, mache eilig«, rief ich, »sonst zahle und fahre ich allein.« Denn du musst wissen, wenn meine Kasse in der tiefsten Ebbe, hat mein Mut immer die höchste Flut. Sogleich hatte man sich gesammelt, es blieb niemand zurück als der einsilbige Brite, und wir fuhren, was die Arme der Fischer vermochten, hinein in die Stadt. ... Die keilförmige Bucht von Kiel, von welcher wahrscheinlich die Stadt ihren Namen hat, macht bei der Einfahrt einen schönen Anblick. Rechts die Festung und der Kanal und der Wald und links einige schöne Dörfer mit schön gruppierten Bergschluchten.

Johann Gottfried Seume

In diesem Paradies

Schrevenborn, den 30. Mai
Nun bin ich schon den fünften Tag in diesem Paradies, in dessen Mitte ich mir Kiel mit seiner Universität als den Baum der Erkenntnis des Guten und des Bösen vorstelle. Diese recht hübsche Stadt hat eine sehr angenehme Lage, und die Gegend ringsherum ist bezaubernd. Man kann sagen, was man will – Holstein ist doch zweifellos ein wenig südlicher als Dänemark gelegen. Ich sehe keinen Grund, weshalb ich dies bezweifeln – und verschweigen sollte, dass der Frühling hier schon voll ausgereift ist. Auch habe ich kein Bedenken, Ihnen zu erzählen, dass mir die Einwohner diesseits der Eider etwas mehr vom Süden geprägt zu sein scheinen als jene auf der anderen Seite – dass es mir vorkommt, als wären die Bauern hier größer, gesünder, lebhafter und die Bau-

ersfrauen netter, hübscher und gewandter – ihre Häuser bequemer, wohnlicher und insgesamt besser, ihre Rinder und sonstigen Tiere größer, fetter und kräftiger – ihre Äcker und Wiesen besser gepflegt – und das Ganze, um den mildesten Ausdruck zu gebrauchen, der mir auf die Schnelle einfällt, physiognomischer. Ich weiß nicht, weshalb ich die Vorzüge meines Nächsten verschweigen sollte; warum ich seine Fehler zudecken sollte, weiß ich wohl – und was Holstein betrifft, so muss ich gestehen, dass ich meinen Bruder, obgleich er gesünder ist als ich, genauso für den Sohn meines Vaters halte wie mich selbst.

Jens Imanuel Baggesen

Auf der Prüne

Enewold konnte der weiten Reise wegen nicht rechtzeitig zur Beerdigung kommen. Er schrieb deshalb und stellte einen längeren Brief nach einigen Wochen in Aussicht. Dieser Brief kam und enthielt die Bitte an die Mutter, in ein ihm gehörendes Stadthaus in Kiel zu ziehen. Dies Haus mit großem Garten lag auf der Prüne in Kiel. Es hieß das Thienensche Haus, weil es früher im Besitz der altadlichen schleswigholsteinischen Familie von Thienen gewesen war. In der Barockzeit entstanden, war es später in der Rokokoperiode umgebaut worden. Es enthielt hohe Zimmer mit einem prächtigen Gartensaal. Das Thienensche Haus lag ziemlich einsam. Nur einmal im Jahr war es lebhaft vor seinen Fenstern: wenn an einem bestimmten Tage im Juli die Backenbietergilde (Backenbeißergilde) daran vorbeimarschierte auf ihren Schützenhof. Die Backenbietergilde hieß die erlauchte Adlerbrüderschaft, weil sich die Herren Gildebrüder vor langer, langer Zeit einmal bei einem Streit so heftig befehdet und ineinander verfangen und verfilzt hatten, dass sie sich sogar in ihrer Wut in die Backen gebissen hatten. Die Gilde hörte natürlich diesen Beinamen nicht ganz gern. Nach einiger Überlegung nahm Frau von Vorbrüggen das freundliche Anerbieten an. Gerade an Kais zehntem Geburtstag zogen Mutter und Sohn in das Thienensche Haus auf der Prüne in Kiel ein.

Detlev von Liliencron

Woanders

An einem Nachmittag sagte Katrin: »Lass uns heute woanders hingehen.«

Albert sagte: »Okay.«

Auf der anderen Seite der Hauptstraße schloss sich an den Vorort ein Wald an. Die schwankenden Baumkronen. Der Geruch von Blüten und verrottendem Laub. Der unter den Schuhen sanft nachgebende Boden. Die Spiele von Licht und Schatten zwischen den Baumstämmen. Ein, zwei Eichhörnchen. Irgendwo ein Kuckuck. (…)

Leichter Wind wehte von Westen. Der Himmel war blau und hoch. Fette weiße Wolken trieben wie auf Luftmatratzen gemächlich vorüber. Zwischen sanft geschwungenen grünen Wiesen erstreckte sich ein Tal. Bahngleise und die Bundesstraße B4 waren hindurchgelegt worden, die Autogeräusche drangen gerade noch bis zu ihnen. Eine Hochspannungsleitung gab es auch. Und irgendwo dahinten musste der Fluss sein, den sie damals in der Grundschule auf der Landkarte blau ausgemalt hatten. Zu sehen war er allerdings nicht.

Albert atmete einmal tief ein und aus. Katrin schlenkerte mit den Füßen. Im Gebüsch hinter ihnen zwitscherten Spatzen.

Nach einer Weile sagte Albert: »›Endmoränenlandschaft‹ ist wirklich ein seltsames Wort.«

Dirk Knipphals

Der schwerttragende Engel

An der Christian-Albrechts-Universität zu Kiel besuche ich hin und wieder eine Philosophie-Vorlesung, um mich gewiefter zu machen. Ich brauche das, seitdem ich als Luftwaffenflieger früh-pensioniert bin und beim Solsbüller Boten eine Stelle als freier Mitarbeiter habe. Nach Professor Hübners Ausführungen über Wahrheit und Mythos begab ich mich zur Nikolaikirche am Al-ten Markt, wo ich, wie so oft, vor dem Barlach'schen Geistkämp-fer stehen blieb. Der schwertragende Engel auf dem wolfsähn-lichen Wesen zeigt die Erhabenheit des Geistes und dessen Sieg über das Böse. Gegen das Licht blinzelnd, trat ich auf den ver-lassenen Markt. Drüben bei Karstadt ging der Sommerschluss-verkauf zu Ende. Dekorateure in weißen Kitteln nahmen die alte Sommermode raus und taten die neue Herbstmode rein. Einer streute gelbe Ahornblätter aus Kunststoff auf eine braune Kunst-stoffmatte, einer setzte einen Jägerzaun aus Pappe, wieder einer mit Nadelkissen am Gelenk, steckte Noten und Text zu Bunt sind schon die Wälder an einem grünen Filzstreifen fest. Eine Schau-fensterpuppe stand nackt, eine war halb angezogen, eine andere vollständig angezogen.

Jochen Missfeldt

Er war in Übung

Draußen zog es dunkel zu, später Vormittag, und der November-himmel mauerte. Es sah nach Regen aus, wahrscheinlich lohnte sich das Fensterputzen gar nicht. Egal, er würde es jetzt durch-ziehen.

Er war in Übung, in der Kieler Wohnung putzte er sie auch. Vierzehn hohe Altbaufenster, wenn er gut war, schaffte er sie in zwei Stunden. Ragnhild hatte sie in sechsundzwanzig Jahren nie geputzt, zumindest konnte er sich nicht daran erinnern. Sie konnte sehr gut leben mit verschlierten Fensterscheiben. Sie ließ auch Spinnennetze an den stuckverzierten Decken hängen, und Wollmäuse durften sich ungebremst vermehren auf den breiten Pitchpinedielen. Ihr Lebensstil verlangte ein gewisses Maß an Unordnung und Staub.

Dörte Hansen

OSTHOLSTEIN, PLÖN

Den Ton für diese Region setzt Theodor Storm mit seiner Erzählung »Hans und Heinz Kirch« (1882), die er in der »kleinen Stadt« Heiligenhafen spielen lässt. Allerdings weist diese Erzählung sowohl inhaltlich (der Sohn Heinz Kirch ist ein Seemann, der 17 Jahre auf allen Weltmeeren gefahren ist und nun in seine Heimatstadt zurückkehrt) als auch thematisch (Alt gegen Jung, Vater gegen Sohn) weit über den beschriebenen Ort hinaus. Vater und Sohn kommen in Storms Novelle auch nach all den Jahren nicht zusammen. Nicht immer also gelingt die Rückkehr in die Heimat, auch wenn das viele sich wünschen.

Auch wenn der Region am Rande der Weltläufte scheinbar etwas Provinzielles anzuhaften scheint: Ihre Literatur weist doch immer in die Welt hinaus. Schon am Anfang stand die Verbindung in die weite Welt: Johannes Stricker, Prediger in Cismar, verfasste 1584 das niederdeutsche »Jedermann«-Drama »De düdesche Schlömer« (Der deutsche Schlemmer) und zeigte schon dadurch die Verbindung der Region zur Welt. Der Eutiner Kreis prägte rund fünfzig Jahre lang, um 1800, eine intellektuelle, künstlerische und literarische Blütezeit in Eutin. Zu diesem Kreis gehörten u. a. Johann Heinrich Voß, Friedrich Heinrich Jacobi, Friedrich Leopold Graf zu Stolberg oder Heinrich Wilhelm von Gerstenberg. Zum weiteren Kreis gehörte auch der Maler J. H. W. Tischbein, der das berühmte Bild »Goethe in der Campagna« gemalt hatte und von 1808 bis zu seinem Tod 1829 in Eutin lebte. Man sieht auch hier: Die Region trifft die Welt.

Immer wieder setzen sich die Literaten auch mit dem scheinbar Provinziellen selbst auseinander. Sowohl der aus Lütjenburg stammende Rocko Schamoni (»Man nennt es die Holsteinische Schweiz, idyllisch, relativ unberührte Natur, das meiste Land in Adelshand. Und totaler

Totentanz.«) als auch die dänische Autorin Helle Helle, die das triste Leben auf der Fähre Rødby-Puttgarden schildert, entwickeln sich aus ihrer beschaulichen Heimat in die Welt hinaus – Rocko Schamoni wird in Hamburg eine große Nummer, Helle Helle erhält seit 2011 vom Dänischen Kunstfonds ein lebenslanges Künstlereinkommen.

Was die einen Beschaulichkeit und Provinzialismus nennen, ist für andere Betrachter jedoch schön: Wilhelm von Humboldt fand 1796 in Eutin auf seiner Reise durch den Norden »einige schöne Gegenden« und fand, das Schloss in Plön habe eine »überaus schöne Lage«. So reicht die Landschaft zwischen Fehmarn (Charlotte Niese) und der Probstei (Konrad Hansen) und von Panker bis Scharbeutz allemal als schöne Kulisse für eine überaus abwechslungsreiche und ebenso anspruchsvolle wie anregende Literatur – auch dieses Mal weit über die Grenzen der Region hinaus.

Eine kleine Stadt

Auf einer Uferhöhe der Ostsee liegt hart am Wasser hingelagert eine kleine Stadt, deren stumpfer Turm schon über ein Halbjahrhundert auf das Meer hinausschaut. Ein paar Kabellängen vom Lande streckt sich quervor ein schmales Eiland, das sie dort den »Warder« nennen, von wo aus im Frühling unablässig Geschrei der Strand- und Wasservögel nach der Stadt hinübertönt. Bei hellem Wetter tauchen auch wohl drüben die Insel, welche das jenseitige Ufer des Sundes bildet, rotbraune Dächer und die Spitze des Turmes auf, und wenn die Abenddämmerung das Bild verlöscht hat, entzünden dort zwei Leuchttürme ihr Feuer und werfen über die dunkle See einen Schimmer nach dem diesseitigen Strand herüber.

Theodor Storm

Der deutsche Schlemmer

Ein frischer Schlemmer wurd ich genannt,
In dieser Welt gar wohl bekannt.
Ich soff und füllte Tag und Nacht,
Geistlich Gut hab ich an mich gebracht,
Und andere Gräuel noch getan,
Müsste darum vor Moses stehn,
Dort wurde ich zu der Höll verdammt,
Sünde, Teufel, Tod, die tun ihr Amt.
Bald war ich ganz verzweifelt gar,
Meine Seele stand in großer Gefahr,
Doch erbarmte sich meiner Gott.
Auch Leser, spare nicht mit Spott,
Dir, Herr, rat ich, in der Zeit,
mach du geistliche Güter genug,
jeder gebraucht sie zu Gottes Ehr,
Dein Gewissen soll damit nicht werden schwer
Mit Geiz, Hoffart und Pracht,
Folg Gottes Wort, bete mit Andacht,
So wird dir Gott stets gnädig sein,
Durch Jesus den Erlöser dein.

Johannes Stricker

Eutin liegt schön am See

Der Weg dahin meistentheils sandig, aber sehr viel schöne Stellen, in hübschen Buchenwäldern. Eutin selbst liegt schön am See. Wir waren fünf volle Tage dort. Stolberg war eben nach Co-

penhagen gereist. Wir lebten durchaus mit Voß und Schlossers.
Merkwürdigkeiten gab es hier nicht, außer einigen schönen Gegenden. Zu diesen gehört vorzüglich – Sielbeck, ein Gartensaal
des Bischofs mitten in einem Buchenwalde. Das Merkwürdigste
daran ist seine Lage auf einem Berge zwischen zwei Seen, und die
Spaziergänge um die Ufer des kleineren unter diesen. Der Saal
selbst ist ganz einfach, und nichts weniger als schön. Aber die
beiden Aussichten, die vordere beschränkte, und dunkle auf den
kleinen, und die hintere weite und helle auf den großen See sind
göttlich. – Eutin selbst ist ein offenes Städtchen, das fast nur Eine
Straße und daher fast gar keine Breite, aber eine beträchtliche
Länge hat. Übrigens ist die Stadt reinlich, und die Häuser klein,
aber meist gut gebaut. – Der Schlossgarten hat überaus schöne
Partien am See, und vorzüglich prächtig gewachsene Bäume. –
Der Fürst soll ein interessanter Mann sein. Sein Minister, den ich
aber nicht sah, ist Graf Holmer.

Wilhelm von Humboldt

Am Strand des Ozeans

An den Floridan.
Nimm hin da letzte Zeichen
Von meiner Lieb und Treu.
Der Gruß beseelter Leichen
Zeugt, dass ich dein noch sei.
Und dich, mein Liebster, ehre.
Da ich vor Mitternacht
Mich hin zum Mittag kehre
Wo mich die Sonn anlacht.

(...)
Du hast mich oft ergötzet
Im neubeblumten Mai.
Wie hoch ich dich geschätzet
Bezeugt die Feldschalmei,
Die weit und breit erschollen
Am Strand des Ozeans,
Der höhe aufgeschwollen
Vom Ruhm des Floridans.

Johann Georg Pellicer

In diesen schönen Gegenden

Wie oft, wie unablässig bin ich bei Euch! Auch hielt ich's hier nicht aus, wenn mit dem Leibe auch meine Seele hier festgedütert wäre. Langeweile ist zu meiner Rechten und Unbehaglichkeit zu meiner Linken; hinten und vorn albernes Wesen und Zwang. Mit den Leuten bin ich ganz zufrieden, insofern mir keiner Leids tut und einige mir wohlwollen, aber das ist Alles, das heißt das ist nichts.

To cheat expectation will ich Dir etwas von den vorigen Tagen erzählen. Sonnabend um 12 Uhr musste ich zu Hofe gehen, um mit von der Landpartie zu sein. Ich fuhr mit der most famous Miss du Hamel und einigen anderen Damen durch sehr schöne Gegenden kamen wir ins Prinzenholz, einem schönen Holz am Ufer eines Sees welcher eine kleine halbe Stunde von hier liegt, noch schöner als der Eutiner See. ... Gestern früh ging ich zu dem andern See und besah einen schönen Ort, wo der Hof einen

Pavillon bauen lässt auf einem waldigen Berge, an einem schönen Bach, welchen hohe Buchen beschatten, und hoch oben herrliche Aussicht auf den See. Aber auf dass erkenne der Wanderer die Hand der Fürstenkinder, ist hier eine sogenannte Kaskade. Ich erwarte einen natürlichen Bergguss, aber nein, mitten im Bach hat man das Wasser gelehrt über eine glatte Stufe zu fallen, da fließt der Bach als hätte er einen Fischbeinrock zimperlich über weg. Sonst ist dieser Ort, und überall die ganze Gegend herrlich. Lauter abwechselnde Hügel mit Korn und Wald bedeckt, Bäche, Wiesen und 15 Seen.

Ich gehe hier täglich 3 bis 4 Stunden spazieren, und mache Entdeckungen in diesen schönen Gegenden. Wenn ich einen neuen See finde, einen Bach oder dergleichen so freue ich mich als fände ich neue Länder im Südmeer. Heut habe ich einen allerliebsten See gefunden mit waldigen und hügeligen Ufern. Unter andern eine Insel, mit hohen Bäumen bewachsen, ich hielt sie vor eine Halbinsel und wollte hin, aber sieh, es war umsonst. Ich nannte sie Isola bella del Frustratione. In meinem Leben habe ich nicht so viel Nachtigallen gesehen als hier sind. Man hört immer welche, und sieht sie sehr oft auf Bäumen und Hecken wo sie ganz zahm bleiben und singen, wenn man dicht hinzu geht.

Friedrich Leopold Graf zu Stolberg

Luise

Einzeln rauschten umher auch Mastbäum' unter den Wolken, Ostwärts alle gebeugt von des siebenundvierzigsten Jahres Winterorkan. Sie umschauten die weithin lachende Landschaft,

Fruchtfeld, Au'n voll Heerden, Gehölz und thürmende Dörfer,
Gegen Eutin wo weislich die Pfründ' ausspähte der Domherr;
Plauderten viel und sangen empfundene Lieder von Stolberg,
Bürger und Hagedorn, von Claudius, Gleim und Jacobi;
Sangen: »O wunderschön ist Gottes Erde!« mit Hölty,
Welcher den Tod anlacht', und beklagten dich, redlicher Jüng-
    ling.
Jezo sagte gerührt die gute verständige Hausfrau:
Schön ist hier auch die Erd', und verdienet es, meine Luise,
Drauf geboren zu sein, und vergnügt durch das Leben zu
wandeln!
Aber ihr merkt, wie die Sonne hinabsinkt, fast zu den Wipfeln
Jenes Walds, und vom Dorfe die Betglock' über den See summt.
Thau weissagt das Gewölk, das duftige: welcher den Kräutern
Wachsthum bringt, doch leicht den gelagerten Menschen
Erkältung.
Alt ist unser Papa, und das Jüngferchen kleidet sich immer
Zefyrlich. Heutiges Tags ist klüger das Ei, denn die Henne!
Kommt denn, und schmaust, ihr Lieben; die Feldluft reizet den
Hunger.

Johann Heinrich Voß

Eutin, dein Trost

Euthin! dein Trost, dein ander Vater stirbt!
Der deiner Nacht offt ist ein MOND gewesen/
Durch dessen HAND dein Schmertz offt ist genesen/
Der deine Kirch so reich geziert / verdirbt!

Dein See mü. itzt ächtzen lispeln / schwartz und gantz getrübet
  stehn!
Deine Gärten sein entblättert! Bluhmen muß der Nord verwehn!
Dein Mund müsse klagen sagen! Deiner Augen=scheinen
  Weinen:
Ach! daß Er der Trost der Meinen ist gerissen von den Meinen!

Hermann Lebermann

Alles so lüftig

»Ich glaube, Bruder, alle Nachtigallen haben sich hierher in
unsere Büsche beschieden! Es ist ein Singen, dass man es kaum
aushalten kann. All die andern Vögel dazu. Das Heer von Lerchen, die in ununterbrochenem Jubel einem über dem Kopfe
schweben. Rund herum die ganze vollständige Symphonie. Und
dann – hör! – durch all den Gesang durch – aus allen möglichen
Distanzen – die Wechsellieder der Nachtigallen. Man weiß nicht
wohin sich kehren und wenden. Und ruht das *Ohr* nun einen Augenblick, dann fallen all die Bäum- und Hecken-Blüten über einen – all das neu gewordene Laub … – Und sieh da! die herrliche
Ebene; – das vielfarbene Grün dort im Thal! – O, und die Hügel
da hinauf! – Seitwärts die darüber ragenden Höhen! – Hier –
durch die Öffnung – noch weiter! Alle Gipfel durchsichtig; alles
so lüftig, so voll lebendigen Atems, sich einander anhauchend mit
Wohlgerüchen, und ausströmend seine beste Kraft in Schönheit
und Wohlthun … – Da auf einmal laut vom nächsten Zweig der
hellste Schlag!! – Es fuhr durch Mark und Bein – Offen allem! –
Welt und Himmel! – Meine Begleiterinnen, die zwey lieben Mädchen standen da vor dem Verzückten. – Gott! meine Brust so eng,

so fest! ich wankte, taumelte nieder, verbarg mein Gesicht … – Es war Sonnen Untergang. Ich wandelte mit meinen Freundinnen sachte unserer Wohnung zu, sammelnd in mir alle die Töne, die in meiner Seele angeschlagen hatten, dass sie nicht verhallten, wenigstens nicht so geschwinde verklängen. Ein vieljähriges Gemisch dunkler Empfindungen ordnete sich in Melodie; und diese Melodie wieder in Akkorde. In den schwindenden Sonnenglanz traten Sirius und Venus. Vor und nach erschienen die übrigen Sterne. Wir hörten die Music der Sphären.

Friedrich Heinrich Jacobi

Aus dänischer Zeit

Nein, zum Reisen hatten wir weder Lust noch Zeit. Manchmal aber gab es doch Gelegenheit, einmal übers Wasser nach dem Festlande zu kommen, sei es nun, dass wir Besuch wieder fortbrachten oder abholten. Der Sund, so heißt die Wasserstraße, an der ein Fährhaus sich befindet, liegt etwa anderthalb Wegstunden von der kleinen Stadt entfernt; mit Großvaters Kutsche und seinen etwas steifen Pferden fuhr man etwa eine Stunde. Der beste Platz war selbstverständlich bei Hinrich auf dem Bock. Dort saßen aber schon seit einer Stunde die großen Brüder, und wir kleineren mussten im geschlossenen Wagen entweder zwischen zwei sehr kompletten Erwachsenen oder auch auf deren Schoß sitzen. Auf dem sogenannten Sundswege – wir Niederdeutschen schieben nun einmal überall das böse s ein – wehte es immer sehr; alle Fenster des Wagens wurden daher geschlossen, und wenn die Sonne schien, wurden auch noch die verblassten rotseidenen Vorhänge zugezogen. Großvaters Kutsche stand in unserer Stadt in dem Rufe, dass sie ein sehr feiner Wagen sei, und als ein naseweiser Großstädter von dem Gefährt als einem Rumpelkasten sprach, empfanden wir diese Bemerkung wie eine Art Gotteslästerung. Wir waren stolz, dass wir einen Großvater hatten, der einen solchen Wagen besaß, und in unseren Gedanken kannten wir nichts Besseres, als das Rasseln der vielen Wagenfenster, das Schaukeln und Stoßen des ganzen schwer beladenen Kastens. Wie selig fuhren wir durch die holprigen Straßen, wenn es endlich losging; wenn uns so viel Bewegungsfreiheit gestattet war, so nickten wir unseren Freunden, an denen wir vorbeifuhren, vergnügt zu, denn wir verreisten ja auf längere Zeit, auf mehrere Stunden, hoffentlich bis zum dunkeln Abend, wo man mit Laternen fahren musste.

Charlotte Niese

Von Hügeln dicht umschlossen

Von Hügeln dicht umschlossen, geheimnisvoll
Verhüllt in Waldnacht dämmert der Uglei-See,
Ein dunkles Auge, das zur Sonne
Nur um die Stunde des Mittags aufblickt.

Weltfremdes Schweigen waltet hier umher, es regt
Kein Hauch des Abgrundes lauteren Spiegel auf,
Nur in des Forstes Wipfeln droben
Wandelt wie ferner Gesang ein Brausen.

Emanuel Geibel

Fahrt über den Plöner See

Es schieben sich wie Traumkulissen
Bauminseln stets erneut vorbei,
Als ob ein blaues Fest uns rufe,
Die Landschaft eine Bühne sei.

Sich wandelnd mit des Bootes Gleiten
Erfrischt den Blick Laub, Schilf und See:
Hier könnte Händels Oper spielen,
Vielleicht Acis und Galathee.

Die Finger schleifen durch die Wasser,
Ein Gurgeln quillt um Bordes Wand,
Die Ufer ziehn wie Melodieen,
Und meine sucht nach deiner Hand.

Wenn alle nun das Schifflein räumen,
Wir endigen noch nicht das Spiel.
Fährmann! die runde Fahrt noch einmal!
Sie selbst, ihr Ende nicht, das Ziel.

Es schieben sich wie Traumkulissen
Bauminseln stets erneut vorbei,
Als ob ein blaues Fest uns rufe,
Die Landschaft eine Bühne sei.

Sich wandelnd mit des Bootes Gleiten
Erfrischt den Blick Laub, Schilf und See:
Wir dürfen Händels Oper hören,
Man gibt Acis und Galathee.

Wir sehen, was wir hören, fühlen,
Die Ufer sind die Melodien.
Bei ihrem Nahen, ihrem Schwinden,
Wie gern mag uns das Schifflein ziehn!

Dort schwimmt bebuscht die Prinzeninsel,
Hier steigt die Kirche von Bosau –
Wir fahren durch den Schreck der Zeiten,
Beisammen noch, geliebte Frau.

Heißt solcher Übermut vermessen?
Rächt sich am Traum der harte Tag?
Muss seine Eifersucht uns treffen,
Wie den Acis des Riesen Schlag?

Die Götter sind nicht liebeleer –
Was ihr beiden tatet, tut!
Die Nymphe flüchtete ins Meer,
Acis zerrann zu Bachesflut.

Wilhelm Lehmann

Rückkehr der Wölfe

Sie kamen in einzelnen Trupps aus den Wäldern im Süden der Probstei. Meist waren es Alte, Frauen und Kinder, selten Männer im waffenfähigen Alter. Auf ihren Gesichtern lag ein ungläubiges Staunen; sie konnten nicht begreifen, dass es in diesen Zeiten noch Dörfer gab, wo man die Schrecken des Krieges nur vom Hörensagen kannte, wo man genug zu essen hatte und sich in der Zuversicht schlafen legte, über Nacht allenfalls von Dämonen und bösen Träumen heimgesucht zu werden.

In Schönberg wurden die Tore geschlossen, als man die Fremden kommen sah. Man warnte sie, sich dem Dorf zu nähern, und wer es dennoch wagte, wurde mit Musketenschüssen zurückgescheucht. Daraufhin sammelten sie sich unweit des Pastorenbrooks auf einem flachen Hügel, der Vossbarg genannt wurde. Um vor Regen und Wind geschützt zu sein, hoben sie Gruben aus und deckten sie mit Schilf und Zweigen ab. Nach Einbruch der Dunkelheit krochen die zerlumpten Kinder durch den Zaun und bettelten um Brot und Milch.

Konrad Hansen

Rødby-Puttgarden

Nach der zehnten Klasse fing sie auf der Fähre an. Im ersten Jahr räumte sie im Restaurant ab, aber sobald sie achtzehn war, versetzte Alsing sie in die Parfümerie. Sie wusste schon vorher aus einem Schönheitspflegekurs an der Volkshochschule alles über Reinigungsmilch und Gesichtswasser. Den Rest lernte sie schnell. Im Dezember konnte sie achtunddreißig Parfums auswendig, und als in Nykøbing Weihnachtsmarkt war, sauste sie aufgeregt die Einkaufsstraße auf und ab, den Frauen hinterher, und erschnupperte ihre Parfums. Nina Ricci! Missoni! Rive Gauche! Beruhig dich mal wieder, sagte unsere Mutter, aber das tat Tine nicht.

Helle Helle

Quallendichte

Zuerst fischten die Frauen mit ihrem Spezialgerät zwei Meilen vom Timmendorfer Strand entfernt, dann vor Scharbeutz und Haffkrug, jetzt nehmen sie in der Neustädter Bucht bis vor Pelzerhaken der Ostsee Messproben ab. Weiter nördlich verringert sich die Quallendichte. Doch wird vor der Küste Ostholsteins plötzlich die Meereskunde und deren Anwendung um eine Dimension erweitert, indem die Steuermännin zur Kapitänin sagt: »Hier haben wir Anfang der siebziger Jahre den Butt gefangen. Zufällig. Mit ner Nagelschere. Hat der das Maul aufgerissen! Lauter Hoffnungen und wunderhübsche Versprechungen. Wurde nichts draus. Alles nur Quallen, die schrumpfen, sobald du sie anguckst.«

Günter Grass

Schmalenstedt

1976 in Norddeutschland, genauer gesagt: Schmalenstedt an der Ostsee. Fünftausend Einwohner, CDU-regiert, nächste größere Stadt: Kiel. Viel Wald, Bäche, Seen, Hügel, eine Endmoränenlandschaft, geformt in der Eiszeit. Man nennt es die Holsteinische Schweiz, idyllisch, relativ unberührte Natur, das meiste Land in Adelshand. Und totaler Totentanz. Es gab eine Kooperative Gesamtschule mit 1600 Schülern. Ein großes Einkaufszentrum, ein paar Kneipen, Restaurants und eine Disco: Meier's. Ansonsten war Schmalenstedt eine sterbende Stadt.

Rocko Schamoni

Der Sachsenstein

Es war zu Beginn meiner Lehre, als ich den Sachsenstein kennen lernte, den wichtigsten Hot Spot der kommenden Jahre.

Der zweithöchste Punkt Norddeutschlands nach dem Bungsberg mit seinen 174 Metern ist der Sachsenstein. Auf einem bewaldeten Hügel, drei Kilometer von der Ostsee entfernt, stehen eine alte Jagdzinne und ein schönes zweistöckiges Forsthaus, welches ein Restaurant mit Kneipe und eine Wohnung mit Dachterrasse beherbergt. Dieses Restaurant hatte etwa 1980 ein legendärer Wirt aus Hamburg übernommen, sein Name war Paul Mascher. Er war in den Siebzigern der Hamburger Szenewirt schlechthin gewesen. Als ihm der Rummel zu viel geworden war, hatte er sich den verwunschenen Ort im Wald ausgesucht, um ein etwas ruhigeres Leben zu beginnen. Er zog mit seiner Frau Marta und seinen beiden Söhnen Olliver und Jens in das Forsthaus, baute das alte Restaurant etwas aus, stellte ein paar gute Köche ein und war selbst ständig in der Bar hinter dem Tresen anzutreffen.

Der Sachsenstein wurde bald zum Treffpunkt für alle etwas wilderen oder fortschrittlicheren oder individualistischeren Typen ab vierzig, die es in der Gegend gab. Nachts gab es dort wilde Saufgelage, zumindest hatten wir das gehört.

Auf Dauer war Meiers ermüdend für uns, und deshalb durchforsteten wir ständig die Gegend nach neuen Hot Spots. Ich glaube, ich hatte durch Florian und David vom Sachsenstein gehört. Man erzählte mir, David wäre der Liebling jenes durchgeknallten Wirtes aus dem Wald, und dort würden wahnsinnige Nächte stattfinden.

Anfänglich weigerte ich mich, dorthin zu gehen. Da waren doch lauter Typen, die Vollbart trugen und so alt wie meine Eltern waren, was sollte ich denn da? Und dann wurde dort die ganze Zeit Jazz gehört, das fand ich ebenfalls eher abstoßend.

Aber am Ende konnte ich meine Neugierde nicht mehr zähmen, die Geschichten, die die anderen erzählten, klangen zu spannend.

Rocko Schamoni

Revolution in Lütjenburg

III
Wenn die Sonne in die Toppen steigt,
regt sich die Probstei:
Von allen Seiten tauchen Partisanen auf,
erstürmen den Hessenstein,
entrollen vom Turm ihr rotes Tuch.

In der Stadt streunen sie durch die Gassen,
lautlos, geduckt,
die geschliffene Klinge in der Hand.
Lauern an den Häuserecken
den Schatten auf, setzen am Wehr ganze Häuserzeilen in Brand.

Dann steigt auf die Barrikaden
mit der Fahne der Freiheit das Licht.

Christian Saalberg

Eine überaus schöne Lage

Das Plöner Schloss hat eine überaus schöne Lage. Es ist von beiden Seiten von dem See, der sich durch eine Landenge in den
kleinen und großen teilt, umgeben, und da die Ufer des Sees viele
Landengen, kleine Vorgebirge und Erdzungen bilden, auch im
See selbst einige Inseln sind, so ist der Anblick überaus wech-
selnd und mannigfaltig. Das Wasser ist bald durch und durch
vom Lande durch- und eingeschnitten, bald sieht man eine große
und schöne Masse auf eine weite Entfernung hin. – Der Schlossgarten ist eine in den See hineingehende Erdzunge. Er ist mit
großen schönen Buchen bepflanzt, in welchen einzelne Alleen
gehauen sind, und der Weg längs den Ufern des Sees ist überaus
angenehm.

Wilhelm von Humboldt

Die Mönche von C

die mönche von c

mit der dämmerung
schlüpften sie in die schatten
der bäume beugten ihre rücken
übers wasser sprachen ein
grünes gebet nahmen vom
wind hände gesang fiedelten
wer hatte ihre schriftgelehrtenseelen
aus dem pergament gerollt riefen
bruder mauer halte nicht fest
am stein schwester fleisch
wir sind gekommen dein grab
zu befreien dein herz sieh
es hat sein zelt aufgeschlagen
leuchtfeuer gezündet für die
verlorenen eingenäht in meine
tierhaut heulte ich den mond an
sah sie aufsteigen nebelkutten
über den klosterseewiesen

Doris Runge

Der Bahnhof von Plön

Und doch ist es die Wahrheit! Der Bahnhof von Plön fasziniert
mich weniger als Bauwerk denn aufgrund seiner den Verstand
überfordernden Lage am Nordufer des Sees. Das Gebäude

stammt aus dem 19. Jahrhundert, ist funktional und durchaus formschön. Sein architektonisch bedeutendstes Merkmal ist ein prachtvolles, sich blasiert in die Höhe schwingendes Bahnsteigdach, das, wie wenige wissen, früher Teil des so genannten »Prinzenbahnhofs« war, wo bis zum Beginn des 20. Jahrhunderts die Hohenzollern-Prinzen den Zug verließen. Ich hingegen stieg am Bahnhof von Plön aus, lehnte mich an eine der Holzsäulen, die das mit Schnitzereien geschmückte Dach tragen, und wartete, bis der Zug weiter Richtung Lübeck gefahren war, ein Paravent, der mir die Sicht auf die ausgedehnte, vom Wind leicht gekräuselte Fläche des Sees mit den zahlreichen bewaldeten Inseln versperrt hatte, darunter eine, die man heute Olsborg nennt, die jedoch unter Großvaters Regentschaft als die Königsfeste bekannt war, als das mächtige Plune. Ich konnte die Zigarette nicht zu Ende rauchen, da ich Brechreiz hatte und zitterte. Ich warf sie ins Gleisbett.

Vor mir das ehemals mächtige Plune und hinter mir der Bahnhof als Tor zu einer Stadt, die – wie heimgesucht von einer Himmelserscheinung – ein schneeweißes Schloss mit eleganten schwarzen Zierlaternen krönt. Jedes Mal, wenn ich nur durch das Gleisbett vom Plöner See getrennt auf dem Bahnsteig stehe, habe ich das Gefühl, im Jenseits angekommen zu sein. Oder in der Heimat. Bist du gestorben, bringt dich der Zug zum Bahnhof von Plön. Du steigst aus, blickst über das Wasser – und du vergisst, denn die Reflexionen auf den Wellen lullen sanft ein, betäuben dich, und irgendwann wendest du so glücklich, wie du nie zuvor gewesen bist, den Blick vom Wasser, das wirklich »heilignüchtern« ist, und gehst vom Bahnhof, der in Wahrheit ein Tor ist, hinauf in die Stadt, wo dich die lieben Verstorbenen erwarten. Schon immer war der Bahnhof von Plön für mich ein Übergang von einer Welt in die andere und doch hatte ich heute Morgen das Gefühl, etwas falsch zu machen, einen gewaltigen Fehler zu begehen, der irgendetwas mit meiner Abreise oder deren Planung zu tun hatte.

Christopher Ecker

LÜBECK

Lübeck stellt eine wahre literarische Schatzkammer dar. Schon Matthäus Merian, Kartograph im 17. Jahrhundert, beschrieb die Schönheit Lübecks als »vornehme [...] Reichs-Statt und Haupt des Hanseatischen Bundes [... mit] sieben sehr grosse[n] und starcke[n] Thürme[n] so man gar weit sehen kann.« Nicht nur der Reiz der Architektur, auch die Geschichte der Stadt regte und regt zum Erzählen und Dichten an. Thomas Mann hat mit den Buddenbrooks die Stadt und ihr Bürgertum weltberühmt gemacht. Mann selbst galt für Gottfried Benn schon als »Ereignis«. Dabei steht Thomas Mann nicht alleine, auch sein Bruder Heinrich zählt zu den großen Literaten der Stadt und des Landes.

In Lübeck kamen große Schriftstellerinnen und Schriftsteller zur Welt, lebten und wirkten dort oder fanden hier eine neue Heimat und eine neue Identifikation wie Günter Grass, der sicherlich in Lübeck ein Spiegelbild seiner Heimatstadt Danzig erkannte. Christian Adolf Overbeck war im 19. Jahrhundert Bürgermeister der Stadt und Dichter, von ihm ist als bekanntestes Werk der Text »Komm lieber Mai und mache« überliefert und Emanuel Geibel schrieb »Der Mai ist gekommen«. Ob diese romantischen Texte beeinflusst worden sind von der verklärten Lage der Stadt auf einer Insel in der Trave, wenn nach feuchten und nassen Wintern im Frühjahr die Natur explodiert? Ob es sich leichter schreibt zwischen den mittelalterlichen Häusern, engen Gasse, der nahen Ostsee und vor allem den jahrhundertealten Handelsverbindungen in der Hanse?

Thomas und Heinrich Mann waren davon geprägt und verarbeiteten ihre Herkunft sehr unterschiedlich, der eine in der Auseinandersetzung und dem gleichzeitigen Bekenntnis zum Bürgertum, der andere in der literarischen Revolte gegen falschen Moralismus und Untertanengeist. Thomas wollte bewahren, Heinrich verändern. Beide wurden von den NS-Machthabern verfemt, beide haben sich widerständig gezeigt. Erst 1955 kehrte Thomas Mann in seine Heimatstadt für einen Besuch zurück.

Zu denen, die revoltierten, gehörte Erich Mühsam. Aus bürgerlichem Hause stammend, ging er nach Berlin und auch er wurde ein Opfer der Nationalsozialisten. Sein Andenken wird in Lübeck bis heute bewahrt. Wo wir schon bei politischem Engagement sind: Für Hans Mayer galt sogar Willy Brandt aus der Moislinger Allee in Lübeck als Schriftsteller. Immerhin, er hat mehrere autobiographische Bücher verfasst. Eine ganze andere Sicht auf die Stadt, als wir es aus den Buddenbrooks kennen, vermittelte seinerzeit der Journalist Ludwig Ewers mit seinem Roman über »Die Großvaterstadt«.

Durchgereist sind viele: Seume war zu Gast in der Stadt, Matthias Claudius und selbst Franz Kafka. Besonders Travemünde zog viele Urlaubsgäste in den Bann, Joseph von Eichendorff dichtete, Dostojewski war hier und Richard Wagner.

Bis heute ist Lübeck eine Art heimlicher literarischer Hauptstadt Schleswig-Holsteins, finden sich doch hier das Buddenbrook-Haus und das Günter Grass-Haus und in beiden wird das Andenken an die besondere literarische Tradition der Stadt hochgehalten.

Den Anfang zu denken

Den Anfang zu denken, heißt also im Kontext des Gleichnisses: den Zustand ohne das Mutterschiff der natürlichen Sprache vorzustellen und abseits seiner Tragfähigkeit im Gedankenexperiment *die Handlungen nachzuvollziehen, mit denen wir – mitten im Meer des Lebens schwimmend – uns ein Floß oder gar ein*

Schiff erbauen könnten. Die demiurgische Robinson-Sehnsucht der Neuzeit steckt auch im Handwerk des Konstruktivisten, der Heimat und Erbe verlässt, um sein Leben auf das nackte Nihil des Sprungs von Bord zu begründen. Seine künstliche Seenot entsteht nicht durch die Hinfälligkeit des Schiffes, das schon im Endstadium langwieriger Bauten und Umbauten ist. Aber offenbar enthält das Meer noch anderes Material als das schon verbaute. Woher kann es kommen, um den neu Anfangenden Mut zu machen? Vielleicht aus früheren Schiffbrüchen?

Hans Blumenberg

Lübeck als Geistesform

Er sprach von dem erst so mühseligen buchhändlerischen Weg der »Buddenbrooks«, der dann in steilem Aufstiege zum Gipfel des Erfolges führte. Er bekannte, in welcher künstlerischen Unschuld er dem eigenen Werke gegenüberstand, seines kulturgeschichtlichen Wertes sich noch nicht bewusst. (…) Aus dem Wurzelboden des Bürgertums erwuchs auch Manns berühmtestes Werk, das mehr ist als eines von nur lübeckischem Charakter – als welches ich es, trotz der vielen Lübecker Modelle, nie so recht empfunden habe –, das Werk, das den Familienbürger von ganz Mittel- und Westeuropa lebendig hinstellt. Es gibt neben dem Familienbürger noch einen anderen, der auch sehr wohl in dem ersteren eingeschlossen werden kann. Das vor allem in Deutschland oft verwunderliche Bürgerexemplar, das zugleich Hauptträger der Kultur und der kleinlichsten Philistrosität ist. Mann bekennt sich in seinem Vortrage zur Mission, diesem Bürger geistige Freiheit zu schenken, die nur möglich ist, wenn sich ihr ein Begreifen künstlerischer Werte zugesellt. Woraus man schließen könnte, dass er hofft, den Bürger dem Schellingschen Ideal von der höchst möglichen Erscheinungsform des Menschen ein wenig anzunähern.

Ida Boy-Ed

Meine Heimat, meine Kindheit!

In den alten Winkel-Ecken,
wo ich mit den andern Jungen
Greifen spielte und Verstecken,
such ich nach Erinnerungen.

Such in väterlichen Räumen
hinter wackelndem Gemäuer,
was den knabenhaften Träumen
hoffenswert erschien und teuer.

Und die heimlich trüben Lichter,
die aus krummen Gassen schielen,
zeigen flimmernd die Gesichter
meiner kindlichen Gespielen.

Über plumpe Pflaster holpern,
zwischen längst vegeßnen Sachen,
seh ich Spukgestalten stolpern,
eingehüllt in Kinderlachen.

Morsche Giebelhäuser neigen
ihre Firste auf mich nieder.
Grüne Musikanten geigen
aus den Kneipen Heimatlieder.

Schiffe schwanken, traumbeladen,
in der Jugend frommen Hafen.
Lasst mich, gute Kameraden,
lasst mich träumen, lasst mich schlafen.

Oh, die Sehnsucht, die die Ecken,
die die Winkel, Höfe, Mauern
in dem fremden Herzen wecken!
Oh, die Sehnsucht! Oh, das Schauern!

Meine Heimat! Meine Kindheit!
Meine frohen Jugendstunden!
Oh, wie hätte meine Blindheit
wieder so viel Licht gefunden! --------

Fort von den gestorbnen Steinen!
Liebe! Schreit aus meinen Süchten.
Dir am Herzen will ich weinen
Und zu dir die Heimat flüchten.

Erich Mühsam

Lübeck als Lebensform

Aber das städtische Lübeck hat ja noch einen anderen Natur-
rahmen als den der Ostsee, eine Landschaft im eigentlicheren
Sinn des Wortes und zwar eine, die sich an Schönheit mit dem
allermeisten, wenn es nach mir geht, mit all und jedem messen
kann, was Deutschland und nicht nur dieses zu bieten hat. Da ist
die Holsteinische Schweiz, die Gegend von Eutin, von Mölln, der
Ukleisee – es wäre unnatürlich, wenn Bilder, wie diese, spurlos
aus dem Gemüt des Lübecker Kindes sollten vorübergegangen
sein, – und so wenig ist dies wirklich der Fall, dass tatsächlich
kein späterer Eindruck, kein überblauer Wonnesüden etwa, der
frischen und reinen Idyllik dieser Szenerien in meiner Seele hat
Abbruch tun können. – Aber wo sind sie in meinen Büchern? Ich
habe sie nicht beschrieben, sie sind nicht da!

Doch, meine geehrten Zuhörer. Sie müssen da sein, und sie
sind da, irgendwie da, wenn auch nicht direkt, als Schilderung
und Beschreibung. Es gibt verschiedene Arten des Daseins: die
atmosphärische zum Beispiel, statt der körperlichen, die akustische, statt der visuellen. Man hat die Menschen und besonders die
Künstler eingeteilt in Augenmenschen und in Ohrenmenschen,
in solche, deren Welterlebnis vorzugsweise durch das Auge geht,
und solche die wesentlich mit dem Ohr erleben. Ich möchte das
erstere die Empfänglichkeit des *Südens*, das zweite die Sensibilität
des *Nordens* nennen. Gibt es denn nun ein Empfangen der Landschaft durch das Ohr, musikalisch rezipierte Landschaft, gehörte
und wieder hörbar gemachte Landschaft sozusagen? Doch, es gibt
dergleichen, und woran ich nun denke und schon dachte – ich
nannte es gleich mit Architektur und Landschaft zusammen, wie
es immer mit ihnen zusammen genannt werden muss – das ist

die *Sprache*. Ja, wenn ich meinte, die Landschaft einer Stadt, da sei ihre Architektur, so scheint mir nun fast, die Sprache sei es, die sie spricht, ihre Sprache als Stimmung, Stimmklang, Tonfall, Dialekt, als Heimatlaut, Musik der Heimat, und wer sie hörbar mache, der beschwöre auch den Geist der Landschaft, mit der sie so innig verbunden, deren akustische Erscheinungsform sie ist. Wir stellten früher fest, dass Künstlertum die Wiederverwirklichung einer ererbten und blutsüberlieferten Existenzform auf anderer Ebene sei. Das, scheint mir, trifft ganz besonders für die Sprache zu.

Thomas Mann

Ich bin aus Lübeck

Lieber Herr Bertaux,
… Gern sage ich Ihnen alles, was Sie brauchen können über mich. Die Chronologie meiner Bücher gab ich Ihnen schon, nicht auch die Lebensdaten? Ich bin aus Lübeck, einer freien Stadt, mein Vater saß im »Senat«. Die väterliche Familie war immer schon dort in der Kaufmannschaft. Dagegen war von meinen beiden Großmüttern die eine portugiesische Brasilianerin, die andere Tochter eines französischen Schweizers, der im Gefolge der Napoleonischen Kriege nach Lübeck kam. … Ich studierte in Berlin und verbrachte dann 5 Jahre fast ganz in Italien: noch nicht um zu arbeiten. Ich versuchte mich nur im Leben und nahm auf. Da ich nur das nothwendigste Geld hatte, lebte ich mehr im Volk als unter Wohlhabenden. …
Herzlichst, Ihr
Heinrich Mann

Heinrich Mann

Fischerlied

Wer gleichet uns freudigen
    Fischern im Kahn?
Wir wissen die schmeidigen
    Fische zu fahrn.
Wir sitzen, und schweben
    Geflügelten Lauf;
Wir tanzen, und heben
    Die Füße nicht auf.

Bald hauchen uns säumende
    Lüftchen ans Ohr,
Bald heben uns schäumende
    Wogen empor.
Dann brüllt es an Klippen
    Und Felsen hinan,
Dann schüttern die Rippen
    Dem taumelnden Kahn.

Des lachen wir rüstigen
    Kerle jedoch,
Und winken die listigen
    Fischlein ins Joch.
Dem Schoße des Meeres,
    So grimmig es scheint,
Dem traun wir, als wär' es
    Mit Planken umzäunt.

Wir fahren mit sinkendem
    Monde hinaus,
Und kommen mit blinkendem Kahne
    Nach Haus.
Uns geben die Netze,
    Frühmorgens gestellt,
Lebendige Schätze,
    Und Abends schon Geld.

Wohl bergen uns schützende
    Hütten die Nacht,
Bis wieder das blitzende
    Sternchen erwacht.
So geht es, und nimmer
    Geht's anders als gut;
Ein Fischer hat immer
    Gar fröhlichen Mut.

Christian Adolph Overbeck

Das Wunder von Lübeck

Ab Winter neunundvierzig/fünfzig turnte er in dreißig Metern Höhe alleine und erfinderisch zuerst im Langhaus, dann im Hochchor der Lübecker Marienkirche, denn sein eleganter, immer Kontakte suchender Arbeitgeber kam selten so hoch nach oben. Dietrich Fey gab sich unten, im Bauschutt, geschäftig. Er musste seinen Malskat abschirmen. Kein unbefugtes Auge durfte sehen, wie das Wunder von Lübeck Gestalt gewann. Deshalb hatte er überall warnende Schilder aufstellen lassen: »Ach-

tung Absturzgefahr!« – »Vorsicht!« – »Für Unbefugte kein Zu-
tritt!«

Unbefugt, so hoch nach oben in Malskats Bereich zu steigen,
waren selbst Gerüstarbeiter und Maurer. Kam sachkundiger Besuch, darunter in- und ausländische Kunsthistoriker, die Anfang
einundfünfzig einzeln und in Gruppen anreisten, lösten Fey und
seine Gehilfen mit Zugleinen Klappergeräusche aus, die Malskat
hoch oben zu warnen hatten. Meist gelang es Fey, die Experten
mit Kopien abzuspeisen, die nebenbei für Informationszwecke
und eine Wanderausstellung entstanden waren; alle Duplikate
von Malskats Hand.

Die Wanderausstellung wurde landesweit ein Erfolg, zumal
der Bundespräsident und der König von Schweden vor etlichen
Schautafeln anerkennend genickt hatten. In Zeitungen und Vorträgen wiederholte sich die Neuprägung »lübischer Stil«. Als
»Wiege der Gotik« kam die Stadt zu Ehren. Von einer Werkstatt
wurde gesprochen, die ab Ende des dreizehnten Jahrhunderts
unter Anleitung eines genialen Dommeisters stilbildend gewirkt
habe. Das Wunder von Lübeck fand Glauben.

Kein Wunder, dass es dem Landeskonservator, Dr. Hirsch-
feld, der als erster Zeifel äußerte, nicht gelang, seine Kritteleien
aufrechtzuerhalten. Schließlich wurde er an sich selbst irre und
schrieb in seinem Buch von St. Marien zu Lübeck: »… Im Hochchor und Langhaus-Obergaden empfinden wir vor den Werken
des Meisters ganz unmittelbar jene gewaltige Zeugniskraft, die
nur das Original besitzt.«

Im Juni einundfünfzig zog noch einmal Gefahr auf, als sich
anlässlich einer Tagung westdeutscher Denkmalpfleger, die extra
des Wunders wegen nach Lübeck gekommen waren, etliche Herren in die Marienkirche begaben und sich von Fey nicht abhalten

ließen, hoch ins Gerüst zu steigen. Bescheiden trat Malskat zur Seite. Fey erklärte, wies nach, war mit Engelszungen beredt und konnte doch nicht verhindern, dass die Professoren Scheper und Deckert Bedenken äußerten und trotz aller Feyschen Redekunst mit restlichen Bedenken aus dem Gerüst stiegen.

Als freilich tags darauf alle in Lübeck versammelten Denkmalpfleger zusammentrafen, geschah abermals ein Wunder: Keine Anklage wurde erhoben, vielmehr forderten die Kongressteilnehmer die Regierung in Bonn auf, weitere hundertfünfzigtausend DM in die Kasse der Lübecker Kirchenleitung fließen zu lassen. Das freute den Oberkirchenrat Göbel; aber auch Malskat, der seinen Stundenlohn gesichert sah.

Günter Grass

Zu Lübeck auf der Brücken

Zu Lübeck auf der Brücken,
Da steht der Gott Merkur,
Er zeigt in allen Stücken
Olympische Figur.

Er wusste nichts von Hemden
In seiner Götterruh',
Drum kehrt er allen Fremden
Den bloßen Podex zu.

Emanuel Geibel

Café Niederegger

hinter rüschen runzeln
brüssler spitzen
gezuckert gepudert
die alten damen
vom kränzchen
legen die kaffeelöffel
auf die untertasse
sanft
wie sonntags
die blumen aufs grab

Doris Runge

Lübecker Marzipan

Die Zeit wurde ihm nicht lang, im Schabbelhaus gab es immer
etwas zu sehen, allein die Durchblicke zu den stilgerechten Ne-
benräumen waren für das Sammlerherz in Adalbert eine Augenweide. Dieses Herz schlug schneller, als Ruth draußen Umhang
und Strauß über den Tisch reichte. Sie trug zum grauen Falten-
rock eine türkisfarbene Bluse. Um die Andeutung von Hüfte hing
ihr ein Ledergurt, der von einer schweren Schließe aus Bronze,
wohl ein Fabelwesen, abbildend, nach unten gezogen wurde. Die
Schottenstrümpfe in den rotbraunen Halbschuhen wollten zur
Farbe des Oberteils nicht recht stimmen, aber was verschlug es,
der Adel des Gesichts hätte schlimmeren Widerspruch überspielt.

Bleiben Sie einen Augenblick so, war Adalbert versucht, ihr
durch die Tür zuzurufen, als er zum ersten Male ihre Seitenan-

sicht, nicht von der Kapuze verdeckt, in sich aufnehmen konnte. Sie hatte vor dem Spiegel die Arme erhoben, um den Haarknoten zurechtzurücken. Die leichte Wölbung der Stirn, die makellos gerade Nase und eine wohlgeformte Rundung des Kinns ergaben einen Dreiklang, wie er vollkommener nicht zu erreichen war.

Adalbert hatte sich vorgenommen, unbeteiligt dreinzusehen, wenn Ruth ihn suchte. Sie sollte frei entscheiden, ob sie sich ihm zuwenden wollte. Als sie nun eintrat, etwas kurzsichtig, wie es schien, aber ohne Brille, sprang er auf, es hielt ihn nicht auf dem Stuhl, und lenkte dadurch die Aufmerksamkeit auf sich, bevor sie die bekannte Rose an ihm bemerkt hatte.

Harald Eschenburg

LAUENBURG, STORMARN

Keine Hauptstadt, keine auch nur kleine kulturelle Metropole können diese Regionen vorweisen; stattdessen ist ihre Literatur von Zugewanderten verfasst worden. Das gilt schon für den ersten Prominenten, für Till Eulenspiegel. Unabhängig vom Wahrheitsgehalt seiner historischen Figur und vor allem seiner Lebensdaten und -orte nennt sich doch Mölln heute »Eulenspiegel-Stadt«. Wahrscheinlich stammte Till Eulenspiegel aus Braunschweig und ist nur vermutlich in seinen letzten Lebensjahren in Mölln ansässig gewesen. Letzteres gilt auch für Günter Grass, auch wenn es gesichert ist: Seinen letzten Wohnsitz hatte er in Behlendorf. Peter Rühmkorf verbrachte am Ende seines Lebens einige Zeit in seinem Haus in Roseburg im südlichen Teil des Kreises Lauenburg, auch er ein »Zugezogener«. In seinem Märchen »Die Feuerfee« wohnt der Protagonist in Ritzerau, zwischen Trittau und Ratzeburg.

Nicht ganz in Stormarn, sondern in Wandsbek wirkte lange und berühmte Jahre Matthias Claudius beim »Wandsbeker Boten« des Grafen Schimmelmann – der das Ahrensburger Schloss in seinem heutigen Anblick erbauen ließ. Ab 1785 erhielt Claudius einen Ehrensold des dänischen Kronprinzen Friedrich, auch hier sieht man die Verbindung der Literatur des Landes zwischen Hamburg und Kopenhagen. 1796 starb Claudius' Tochter Christiane, ihr ist das gleichnamige Gedicht gewidmet. Matthias Claudius ist in Wandsbek begraben.

Im Stormarnschen Tangstedt lag das Vorbild für das Schloss Tangbüttel in Detlev von Liliencrons letztem großen Roman »Leben und Lüge«. »Ein altes weißes Schloss, mit dicken Mauern und zwei mehreckigen, efeuüberzogenen Halbtürmen, rechts und links vom Eingang« – das stimmt ziemlich überein mit den erhaltenen Fotografien des 1947 ab-

gebrannten Herrenhauses. Immerhin, in der Literatur ist durch Liliencrons Werk dem Herrenhaus ein ziemlich wirklichkeitsnahes Denkmal
gesetzt, ebenso der Umgebung mit der Tangstedter Heide.

Till Eulenspiegels Begräbnis

Bei Eulenspiegels Begräbnis ging es wunderlich zu. Denn als sie
alle auf dem Kirchhof um den Sarg standen, in dem Eulenspiegel
lag, legten sie ihn auf die beiden Seile und wollten ihn in das Grab
senken. Da riss das Seil, das am Fußende war, und der Sarg schoss
in das Grab, so dass Eulenspiegel in dem Sarg auf die Füße zu stehen kam. Da sprachen alle, die dabeistanden:»Lasst ihn stehen!
Wunderlich ist er gewesen in seinem Leben, wunderlich will er
auch sein in seinem Tod.« Also warfen sie das Grab zu und ließen
ihn aufrecht auf den Füßen stehn. Und sie setzten ihm einen Stein
oben auf das Grab. Auf die eine Hälfte hieben sie eine Eule und
einen Spiegel, den die Eule in ihren Klauen hält, und schrieben
oben auf den Stein:»Disen Stein sol nieman erhaben. Hie stat
Ulenspiegel begraben. Anno domini MCCCL jar.«

Hermann Bote

Der Behlendorfer Forst

Der Behlendorfer Forst, der sich über hügelige Endmoränen zum
See hin erstreckt, gehört zu den Lübschen Wäldern und sieht im
Herbst als Mischwald vielversprechend aus. Doch unter Laub-
und Nadelholz fanden sich weder Maronen noch Steinpilze. Wo
ich Mitte des Monats eine satte Mahlzeit Safranschirmlinge ge-

funden hatte, stand nichts. Die violetten Ritterlinge am Waldrand waren bereits ausgewachsen, vergilbt. Mein Pilzgang versprach wenig ertragreich zu sein. Selbst der Hund hatte mich nicht begleiten wollen.

Günter Grass

Dom zu Ratzeburg

dom zu ratzeburg

seine löwenpranke
im großen teich
es wuchsen steine
zu dom und
reich
an vergänglichkeit
ist jede zuflucht
es härtet zeit
das herz
es häutet zeit
den stein

Doris Runge

Ratzeburger Zeit

Ratzeburg ersetzte mir in geläuterter Form meinen Edmund Steffan, und obendrein doppelt; denn da erwarteten mich Vetter Richard und Hans Hudemann und führten mich nicht in stinkende Höfe und Hinterwinkel der Häuser, sondern in den Wald zu einem braven Waldläufer- und Indianerleben. Am Waldrand längs der Einhäuser Chaussee hatten wir unseren Wohnbaum, nach vernünftiger Ordnung ich auf einem unteren, jeder auf seinem Ast für sich, bloß eine bequeme Gabelung für gelegentliche Bedürfnisse war gemeinsam. Von hier herab brachten wir mit räuberischen Tönen den Wanderer fast um, beschlichen voll arger Absicht die unschuldigen Eingeborenen und übten eine gemütliche Indianerphantasie gegen jede vorkommende Harmlosigkeit. Beim Streifen durchs Fuchsholz aber fiel mir die Binde von den Augen, und ein Wesensteil des Waldes schlüpfte in einem ahnungslos gekommenen Nu durch die Lichtlöcher zu mir herein, die erste von ähnlich Überwältigungen in dieser Zeit meines neunten bis zwölften Jahres, das Bewusstwerden eines Dinges, eines Wirklichen ohne Darstellbarkeit – oder wenn ich es hätte sagen müssen, wie das Zwinkern eines wohlbekannten Auges durch den Spalt des maigrünen Buchblätterhimmels.

Ernst Barlach

Leben und Lüge

Hurra! Nun nach Tangbüttel. Mutter und Sohn kamen mit der Altona-Kieler-Christians des Achten-Bahn in Altona an. Auf dem Bahnhof wurden sie von Enewold abgeholt und fuhren mit ihm im schönsten Schneewetter in einem Rokokoschlitten, der lange Jahre versteckt gestanden haben mochte, in zwei Stunden nach Tangbüttel. Ein altes weißes Schloss, mit dicken Mauern und zwei mehreckigen, efeuüberzogenen Halbtürmen, rechts und links vom Eingang, guckte ihnen unter seiner Schneehaube finster und mürrisch entgegen.

Inzwischen war es dunkel geworden. Als sie vor der geöffneten Haustür des Schlosses hielten, strömte ihnen aus der Halle eine solche Lichterhelle und Wärme entgegen in Schnee und Winter, dass sie einen Augenblick wie geblendet saßen.

Detlev von Liliencron

Christiane

Es stand ein Sternlein am Himmel,
Ein Sternlein guter Art;
Das tät so lieblich scheinen,
So lieblich und so zart!

Ich wusste seine Stelle
Am Himmel, wo es stand;
Trat abends vor die Schwelle,
Und suchte, bis ich's fand;

Und blieb dann lange stehen,
Hatt' große Freud in mir:
Das Sternlein anzusehen;
Und dankte Gott dafür.

Das Sternlein ist verschwunden;
Ich suche hin und her
Wo ich es sonst gefunden,
Und find es nun nicht mehr.

Matthias Claudius

Die Feuerfee

Franz Brandnarb hieß ein Spritzenmeister zu Ritzerau, den hatte
die Feuerfee geküsst, als er noch ein ganz kleiner Junge war, und
er konnte sie niemals vergessen. Wegen ihr hatte er – in der guten alten Zeit, versteht sich, als die Äpfel noch richtig nach Apfel
schmeckten und meine Großmutter noch ihre zweiunddreißig
Zähne hatte – auf einem großen schwarzen Kohledampfer ange-
mustert, die dann leider gerade aus der Mode kamen, und in
gut zehn Jahren gab es auf der ganzen Welt kein Dampfschiff
mehr, das noch richtig mit Kohle betrieben wurde. Das war an
sich natürlich weder gut noch schlecht, sondern einfach der
Lauf der Dinge, und der Heizer Franz Brandnarb beschloss, auf
eine Lokomotive umzusteigen. Da stand er nun Jahr für Jahr
und sommers wie winters vor der glutheißen Feuerbüchstür
und diente der Jungfer Feuria – so hieß seine wilde Geliebte –,
bis auch die Eisenbahn immer mehr von der Kohle abkam und
zu Diesel und Elektro überging, da erhielt unser Heizer den

Abschied. Ohne zu wissen, wie es nun mit ihm weitergehen solle, packte er seinen rußigen fleckigen Blaumann in seinen Reisekoffer, winkte ein letztes Mal mit der fünfzinkigen Koksforke durch das Lokomotivschuppenfenster auf dem Bahnhof Rothenburgsort und nahm den ersten Bummelzug ins Lauenburgische, wo dann irgendwo auch sein Heimatort Ritzerau lag.

Peter Rühmkorf

Reinfeld

Der Mond ist aufgegangen. Reinfeld war auch noch nach dem ersten Weltkrieg ein Ort, zu verschlafen und zu vergessen. Man verschlief hier die Revolution von 1918, verschlief den verlorenen Krieg, verschlief Weimar und die Republik, vergaß aber nicht die gute alte Zeit der Spitzen der Gesellschaft, der Hierarchie und der Uniformen, und so kamen auch nach Reinfeld die neuen Fahnen, meinte man auch in seinen Straßen marschierend zu erwachen, durften sich die verbogenen Kreuze und die Sirenen wie fette Unglücksvögel auf seine alten Dächer setzen, und bald sah man vom Ufer der träumenden Teiche das türmereiche Lübeck brennen, von Osten eilten Flüchtlinge, der zweite Weltkrieg wurde in Reinfeld noch lange weitergeführt, um jeden Meter ummauerten Raum, um jedes Bett in der stillen Kammer, und so wurden Verhältnisse offenbar, die jahrhundertelang unter Schindeldach und Lindenlaub und zwischen Urväterhausrat verschlafen und vergessen, doch nicht gestorben waren, Haß, Gier, Neid, die Habsucht und die Herzensträgheit.

Wolfgang Koeppen

Das Meer liegt still und grau

Das Meer liegt still und grau im Regen und reicht bis zum Horizont, und irgendwo ganz weit draußen fährt ein einsames Schiff. Aus dem Sand gucken ein zusammengeknülltes Handtuch und eine leere Flasche Sonnenöl, und auf dem Wasser, nur ein paar Schwimmstöße entfernt, torkelt eine blaue Badeinsel an ihrer Kette, von der führt eine rote Rutsche direkt ins Wasser.

»Krass!«, schreit Katrin. »Dürfen wir morgen baden?«

Kirsten Boie

BAD SEGEBERG, NEUMÜNSTER

»Ich seh der Heimat, der geliebten, Zukunft in dieser Augen Grund«, dichtete Theodor Storm und hatte dabei die – 1846 geschlossene – Ehe mit der geliebten Constanze im Sinn, einer Tochter des Segeberger Bürgermeisters Ernst Esmarch. Aber bereits einen Tag nach der Trauung zog das junge Paar nach Husum, so dass Storm außer diesem Gedicht keine größere Spur in Bad Segeberg hinterlassen konnte. Es bleibt der lyrische Gedanke von Bad Segeberg aus an die »Heimat« in der Zukunft, in personam seiner frisch Angetrauten. Überhaupt ist im Zusammenhang mit der Region zwischen Bad Segeberg, Neumünster und Kaltenkirchen viel von »Heimat« die Rede – bis heute. Viel Erinnerung steckt in den Werken beispielsweise von Iven Kruse, Dirk von Petersdorff oder Ulf Erdmann Ziegler, wenn von dieser Region die Rede ist.

»An der Schwale liegt ein Märchen«, schrieb Hans Fallada, der mit richtigem Namen Rudolf Ditzen hieß und Anzeigen-Werber und Hilfs-Redakteur beim lokalen »General-Anzeiger« war, nach einem beglückenden Rundflug im Juli 1929 über Neumünster. Ein Märchen war die Stadt allerdings nicht für ihn. Gleichwohl hat er relativ große literarische Spuren in der Literaturlandschaft Neumünsters hinterlassen: Sein Roman »Bauern, Bonzen und Bomben« (1931) über die Landvolk-Bewegung in Schleswig-Holstein und deren Boykott der Stadt Neumünster hat die Schwalestadt in die deutsche Literaturgeschichte eingeschrieben.

Die Literatur spielt in dieser Region seit Falladas Zeiten keine größere Rolle. Gelegentliche Erwähnungen von Neumünster in den Werken von Feridun Zaimoglu, Mareike Krügel oder Ulf Erdmann Ziegler bleiben im Augenblick noch – wenn auch angenehme – Episode. Ein Hoffnungsschimmer auf Relevanz ist der junge Schriftsteller Tobias Sommer, der

2014 bei den Tagen der deutschsprachigen Literatur in Klagenfurt vortragen durfte.

Allerdings verleiht die Stadt Neumünster bereits seit 1981 den Hans-Fallada-Preis, der an jüngere Schriftstellerinnen und Schriftsteller geht, die wie der Namensgeber in ihren Werken Probleme der Gegenwart mit politisch-sozialem Hintergrund behandeln. Dadurch gelingt es der Stadt, in der Gegenwartsliteratur einen Platz zu behaupten. Preisträgerinnen und Preisträger bisher waren u. a. Erich Loest, Sten Nadolny, Jurek Becker, Günter Grass, Birgit Vanderbeke, Ralf Rothmann, Lukas Bärfuss oder Saša Stanišić.

Alles, was von Bedeutung war

Der Bahnstrecke war der Aufstieg zur industriellen Mittelstadt geschuldet. Sie teilte Neumünster, so wie Städte durch Flüsse geteilt werden. Alles, was von Bedeutung war, lag auf der Ostseite: der Groß- und der Kleinflecken, Karstadt und Hertie, der Teich und Rencks Park, das Rathaus und der Bahnhof, die Brauerei und die AEG, das Krankenhaus und das Gefängnis, das Mädchen- und das Jungengymnasium, Anschar und Vicelin. Dennoch, oder deshalb, hatten sich vermögende Bürger ihre Backsteinvillen westlich der Bahn bauen lassen, wo sie an baumgesäumten Straßen vor sich hinschlummerten. Dieser westliche Altstadtkern war nach dem Krieg durch Einzelhäuser, Reihenhäuser und blockartige Siedlungen gewachsen, eine Peripherie, gekrönt durch die Gründung des dritten Gymnasiums im Jahr 1956, das erste für Jungen und Mädchen zugleich. Es war eine Anlage, in der schon der dreistöckige Bau als Turm bezeichnet wurde. Alles, was ein Gymnasium ehrwürdig macht, war abwesend. Falls die Alteingesessenen stolzer waren als die Flüchtlingskinder, ließen sie es sich nicht anmerken. Hier traf ich meine Geschwister wieder, die sich ebenfalls von den Traditionsschulen abgemeldet hatten, und die Pieksbine aus der ersten Klasse, auch wenn sie jetzt nicht mehr piekste.

Ulf Erdmann Ziegler

An der neuen Eisenbahn

Montag, 2. November 1840
Kurz nach sechs fuhren Trepka und ich an einem ziemlich schönen Morgen mit dem Lohnkutscher nach Neumünster, hier aßen wir unseren Lunch zusammen mit einem dänischen Ingenieur-Offizier und Arbeitern, die hier liegen, um an der neuen Eisenbahn zu bauen.

Hans Christian Andersen

Musicalprojekt

Ein ganzes Jahr dauerte dieser Zustand an. Es war das Jahr, in dem Helli beinahe der neuen Schule verwiesen wurde, weil sie ausprobiert hatte, ob Gardinen besser brannten, wenn man sie zuvor in irgendwelche Chemikalien tunkte, die sie offenbar aus dem schuleigenen Fotolabor hatte mitgehen lassen. Es war das Jahr, in dem Alex bei einem Musicalprojekt für Jugendliche mitmachte, das zweimal die Woche in Neumünster probte, wohin ich ihn jedes Mal fahren musste, weil er es irgendwie geschafft hatte, mir glaubhaft zu versichern, seine Zukunft und all sein Glück hingen davon ab.

Mareike Krügel

Auf dem Segeberg

Hier stand auch einer Frauen Wiege,
Die Wiege einer deutschen Frau;
Die schaut mich an mit Augen blau,
Und auf dem Felsen, drauf ich liege,
Schließt sie mich plötzlich an die Brust.
Da wird ich mir des Glücks bewusst;
Ich seh die Welt so unvergänglich,
Voll Schönheit mir zu Füßen ruhn;
Und alle Sorgen, die so bänglich
Mein Herz bedrängten, schweigen nun.
Musik! Musik! Die Lerchen singen,
Aus Wies' und Wäldern steigt Gesang,
Die Mücken in den Lüften schwingen
Den süßen Sommerharfenklang.
Und unten auf besonnter Flur
Seh ich des Kornes Wellen treiben,
In blauen Wölkchen drüber stäuben
Ein keusch Geheimnis der Natur.
Da tauchen an des Berges Seite
Zwei Köpfchen auf aus dem Gestein;
Zwei Knaben steigen durchs Gekräute;
Und sie sind unser, mein und dein.
Sie jauchzen auf, die Felsen klingen;
Mein Bursche schlank, mein Bursche klein!
Schau, wie sie purzeln, wie sie springen,
Und jeder will der erste sein.
In Kinderlust die Wangen glühen;
Die Welt, die Welt, o wie sie lacht!

Nun hängen sie an deinen Knien,
Nun an den meinen unbedacht;
Der Große hier, und hier der Kleine,
Sie halten mich so eng umfasst,
Dass in den Thymian der Steine
Mich hinzieht die geliebte Last.
Die Schatten, die mein Auge trübten,
Die letzten, scheucht der Kindermund;
Ich seh der Heimat, der geliebten,
Zukunft in dieser Augen Grund.

Theodor Storm

Das Herrenhaus

Die Lindenallee, die sich zuletzt unmittelbar am Seeufer entlang
zog, endigte an einer breiten, über eine träge fließende und gleich
darauf in den See mündende Au führende Brücke, deren Seiten-
wände aus Ziegelsteinen aufgemauert waren; die vier Pfosten
waren mit großen verwitterten Granitkugeln gekrönt, die sich im
Laufe der Zeiten mit braungrünem Moossamt bekleidet hatten.
Jenseits von Bach und Brücke breitete sich eine große sorgfältig
geschorene Rasenfläche aus, hinter deren alten Baumgruppen
sich das Herrenhaus von Bökenbrook erhob, ein wahres Palais,
an dessen hohem Mittelbau sich zwei langgestreckte fensterreiche
Flügel anschlossen. Das stattliche Gebäude war 1798 im klassi-
zistischen Stil von einem bekannten Kopenhagener Baumeister
errichtet worden, der zu seinem Leidwesen auf den Wunsch der
damaligen Besitzer den alten Turm aus mittelalterlicher Zeit in
seinen Bau hatte einbeziehen müssen; unorganisch genug erhob

er sich über einem der Flügel. Damals hatte das Gut, das bereits seit dem 13. Jahrhundert bestand und zunächst in den Händen der Wohnsfleths und der Krummendiecks gewesen war, einem Conferenzrat Brüggemann gehört; dann war es 1838 aus dem Konkurse an den ersten Stöcking verkauft, der bald darauf vom dänischen König geadelt worden war. Seine Erben besaßen es noch heute.

Iven Kruse

Kattholt

Ach, armes Kattholt! Ich weiß, du galtest auch früher nicht viel unter den Gemeinden deines Kirchspiels. Du warst auch früher nur ein Tagelöhnerdorf und wurdest von den Bauerndörfern nicht für voll angesehen.

Aber wie schön lagen deine weißen Katen mit ihren grünbemoosten Strohdächern und ihrem roten Ständerwerk in der grasigen Auniederung unter den alten, sturmfesten Eichen, die sich weiterhin wie gehorsame alte Wachsoldaten zu einer regelrechten Allee zusammenschlossen, durch die gebietend das weiße Herrenhaus des Gutes herabsah. Seit Jahrhunderten waren deine Insassen allmorgendlich zu ihrer Arbeit auf dem Gutshof gepilgert; in ihrer Art so ehrenfest und sesshaft, wie das Adelsgeschlecht, das auf dem Schloss hauste. Schien es nicht, als könne es nie anders werden, als müsstest du alle Ostern neu geweißt erstehen, wenn deine alten Eichen ihr ersten bräunlichen Blattsprossen in die frühlingsherbe Luft krausten?

Aber es wurde anders. Dem alten Rittergeschlecht ging die neue Zeit wie ein würgendes Gespenst an die Kehle. Seine Vasallen fielen mit. Eine neue Völkerwanderung kam; ohne den Tumult, der früher Umwälzungen begleitet hatte. Sacht und stille, wie Unkraut auf einem gepflügten und liegen gelassenen Acker, tauchte ein Wirrwarr fremdklingender Namen in den Kirchenbüchern auf.

Der letzte Besitzer musste sein Gut verkaufen. Alte Leute erzählen noch, er wäre am Abend vor seinem Abzuge durch das Dorf gegangen und hätte die alte Eiche auf dem Heidrott noch einmal umarmt. Tränen seien dabei in seinen grauen Bart gesickert. – Es ging die Sage, dass der erste Besitzer des Gutes unter dieser Eiche von einem alten Dänenkönig oder Holstenherzog zum Ritter geschlagen sei. Sie stand abseits, das Dorf beherrschend oder beschützend, auf einer heide- und ginsterblühenden Anhöhe, die nie ein Spaten oder eine Pflugschar berühren dürfe. »Ça porte malheur –« hatten die Besitzer zur Rokokozeit gesagt. Aber ein neuer Verwalter hatte von diesem Hühnerglauben nichts wissen wollen und einen beträchtlichen Teil dieses Hügels abtragen lassen, um mit dem gewonnenen Erdreich Vertiefungen in den Äckern ausfüllen zu lassen. Als der alte Graf von diesem Fürwitz erfahren habe, hätte er die Arbeit sogleich abbrechen lassen. Ça porte malheur – das Wort hatte sich vererbt. Zur spät – nun musste er davon. Hinter der Erdwand verschwand er. Er war nach Kiel verzogen, wie die Einen sagten; andere meinten, er lebe in Hamburg und sei ganz missträstig geworden.

Iven Kruse

Der Boykott

Altholm ist eine Industriestadt. Die Kaufkraft steckt in der Arbei-
terschaft. Glauben Sie doch nicht, meine Herren, daß die Bauern
hier viel in Altholm gekauft haben. Wenn sie vom Markt kamen,
hat die Frau ein bisschen Nähgarn geholt und der Mann ein Glas
Bier getrunken. Es fällt wirklich nicht ins Gewicht. Gewiss, da
und dort ist ein Reisender zurückgeschickt worden. Aber seien
Sie sicher, die Bauern hätten ihm auch so nichts abgekauft, jetzt
vor der Ernte hat der Bauer doch kein Geld. Da ist es eine schöne
Ausrede zu sagen: Ich kauf dir nichts ab, weil du aus Altholm bist.
Aber meine Herren, wenn das auch alles nicht wäre, wenn der
Boykott wirklich schlimm wäre, wir könnten nichts Verhäng-
nisvolleres tun, als das auszusprechen. Wenn wir immer wieder-
holen: Wir merken gar nichts vom Boykott, der Boykott ist ein
Papiergefasel von der Zeitung »Bauernschaft« – dann, meine
Herren, ja, dann ist der ganze Boykott in vier Wochen erledigt.
Wir müssen ankämpfen gegen den Unverstand in der eigenen
Stadt. Das geht natürlich nicht, dass Kaufmann Schulze, dem seit
drei Jahren dreißig unverkäufliche auf der Stange hängen, zum
Kaufmann Schmidt sagt: Dreißig Hosen hab ich nicht verkauft
wegen des Bauernboykotts. Und es geht nicht an, dass immer
von neuem das Feuer geschürt wird, dass die Presse nicht auf-
hört, kleine, aufreizende Nachrichten zu bringen oder gar von
Polizeiterror zu reden. In der Not muss man zusammenstehen.
Wir haben hier unter uns Herrn Hauptschriftleiter Heinsius,
einen treuen Sohn unserer Stadt Altholm und eifrigen Verfech-
ter vaterländischer Interessen. Ich glaube, er wird mit uns heute
einig werden, dass die Heimatpresse erst einmal einen Gürtel des
Schweigens um die Ereignisse des sechsundzwanzigsten Juli legt.

Sie zucken mit den Schultern, Herr Heinsius. Ich denke, Sie werden noch mit dem Kopf nicken.

Hans Fallada

Die Fahrt durchs Land

Die Matrosen fürchten, zu den Ereignissen in Hamburg zu spät zu kommen. Dass sie vielleicht zu früh kommen und auf dem Bahnhof mit Schüssen empfangen werden könnten – daran denken sie nicht.

Die Fahrt geht durch ein friedliches Land.

Ein Bauer stapft hinter seinem Gespann her und pflügt die fetten Schollen der holsteinischen Erde um. Vor einem Himmel geballter glänzender Wolken drehen sich langsam die Flügel einer Windmühle. An einer Bahnschranke stehen Kinder, ein halbwüchsiges zerzaustes Mädchen winkt. Die Dorfstraße liegt im matten Licht der Novembersonne.

Auf einer kleinen Station steigen Munitionsarbeiterinnen ein, junge Frauen zwischen zwanzig und dreißig.

»Wir streiken!«, sagt eine der Frauen.

»Ja, nach Hamburg, fahren wir, nach Hause.«

Theodor Plievier

Einfeld

Der Garten meiner Kindheit war ein Handtuchgrundstück auf dem holsteinischen Geestrücken, einer sandigen Ebene, gerahmt von anderen Kindheitsgärten gleichen Schnitts, in einer Siedlung, die an offene Weide grenzte, die wir Koppeln nannten. Um jungen Familien zu Eigentum zu verhelfen, hatte ein Gewerkschaftskonzern, unberührt von den Lehren des Bauhauses, einen Doppelhaustyp entwerfen lassen, weiße Riegel mit roten Giebeldächern, die gerade Straßen säumten wie Miniaturen preußischer Kasernen. Das Areal war so gewählt, dass kein Traditionsbau im Weg stand; ein offenes Feld, das nach Kompass bebaut worden war, denn die Straßen verliefen westöstlich und nordsüdlich. Der Wind sorgte dafür, dass man das nicht vergaß. Wie alle Gebiete, die in der Dimension eines Quadratkilometers erschlossen werden, lag auch dieses im Nirgendwo und hätte einen willkürlichen Namen bekommen müssen, etwa den des gewerkschaftlichen Bauherrn: Neue Heimat. Stattdessen wurde es einem Ort zugeschlagen, den ein unbekannter Gründer, der Volksmund möglicherweise, Einfeld genannt hätte. Einfeld bestand damals aus einigen reetgedeckten Bauernhöfen, die am Südende des Einfelder Sees lagen. Im Ortskern gab es eine Kirche, eine Schule, zwei Schreibwarenläden, ein Schuhgeschäft, einen Friseur und zwei Supermärkte, Edeka und Spar. Jedenfalls gab es all das, sobald ich bereit war, den Garten der Kindheit zu verlassen.

Ulf Erdmann Ziegler

Ernüchterung in Kaltenkirchen

Ist das ein Montepulciano? Nein, es ist Kaltenkirchen. Ist das die Ebene von Spoleto? Nein, es sind Rübenfelder von riesigem Ausmaß. Strömt der Geruch von Lavendel ins Fenster? Oh nein, sie haben schon wieder gedüngt. Wir fuhren im Sommer aufs Land. Da standen wir auf dem Schwiegereltern-Balkon und starrten auf

das zwei Meter entfernte Nachbarhaus, wo plötzlich ein Schul-
freund von Sandra auftauchte. Sie erkannte ihn zuerst nicht, er
trug eine Marineuniform, war sehr kräftig und erschien im weißen Anzug noch mächtiger. Von gegenüber winkte er uns, wir
waren gefangen, konnten nicht weg, er war erfreut, wir sollten
rüberkommen. Ich sah zum grauen weiten Himmel hoch, dort
stand in schwarzer Schrift ein Wort geschrieben »Schicksal«.

Dirk von Petersdorff

Liebesbrand

Wir waren unterwegs nach Neumünster, der aufgeklärte Kavalier
wollte sich einen Nachfolger für seinen verendeten Fiat Ducato
zulegen, er hatte sein Glück im Internet versucht und geflucht,
weil er feststellen musste, dass die Gebrauchtwagen teurer geworden waren, er stieß auf schöne Fotos und tolle Fahrzeugbe-
schreibungen, und dann auf einen Fiat Ducato Maxi, mit dessen
Besitzer er sich in einem Dorf traf. Die Reifen des Autos waren
so so gut wie platt, die Stoßstangen und der Auspuff waren mit
Draht festgebunden, die Motorhaube ging nicht richtig zu, und
der Rost blühte an den Türen. Die Besichtigung endete mit einem kühlen Abschied, der Besitzer war fest davon ausgegangen,
dass Gabriel den Fiat kaufen würde, und als der sich kaufunwillig
zeigte, hatte er nicht mit deftigen Bemerkungen über langhaarige
Kieler gespart, die aussehen würden wie Rübezahl. Gabriel war
sowieso in einer unheiteren Stimmung gewesen und hatte den
Mann einen elenden Dorftölpel genannt, sie hatten sich gegensei-
tig beschimpft, bis ihnen die Schimpfworte ausgegangen waren,
und dann waren sie auseinandergegangen. Neumünster galt als

Räubernest, nach dem Niedergang der Tuch- und Lederindus-
trie hatten sich die Beherzten auf ein wirtschaftliches Freibeu-
tertum eingelassen, sie betrogen und bestahlen nicht, sie hatten
aber ziemlich rabiate Vorstellungen von Handel. Das machte sie
nicht unbedingt beliebt, die Kieler sahen auf die Neumünsteraner
herab, und die Neumünsteraner hielten die Kieler für verhinderte
Hanseaten, der Hass auf Hamburg schweißte die Landeshaupt-
städter und die Kleinstädter zusammen: Hamburg und Elmshorn
/ erschuf der Herr im Zorn, riefen sie im Chor, wenn ein Hanseat
wieder einmal die Nase rümpfte über den Provinztölpel. Bei aller
Feindschaft waren aber gewisse Feinheiten zu berücksichtigen,
ein Hamburger unterschied sich von einem Hanseaten dadurch,
dass er in Hamburg lebte, wohnte und seine Arbeit hatte, er
glich jedoch nicht den Pfeffersäcken, die nur dumm und spröde
waren und bei jeder Gelegenheit die halbvolle Champagnerflöte
vor die Linse einer Kamera hielten. Gabriel hasste die Hanseaten, und er liebte Neumünster, weil fast alles billiger war als in
Kiel.

Feridun Zaimoglu

Kurze Tage

Ich muss am See vorbeigelaufen sein. In der Akte, zusammen mit
den Briefen, befand sich das Foto einer Wasserlandschaft, und
auf der Rückseite war mit einem staatlichen Stempel beglaubigt,
dass die Aufnahme vor sieben Jahren in diesem Bezirk entstanden war. Die handschriftliche Notiz daneben beeindruckte mich:
»Wie finde ich die Mitte eines Sees, wenn ich das Ufer nicht sehen
kann?«

Ich würde mich nie auf einem Gewässer treiben lassen, denn ich vermeide ungeschützte Flächen, ich beobachte aus sicherer Distanz, um später in meiner Dunkelkammer alleine, ohne fremde Blicke, das Ergebnis zu betrachten.

Ich schwenke meine Kamera über den Wald, der See müsste im südwestlichen Teil liegen, der Fluss als Ausläufer und als Verbindung von diesem Gewässer zum Meer, oder doch im Norden? Ich muss einsehen, ich habe das Gebiet unterschätzt, es ist in seinen Ausmaßen und seiner Dichte mächtiger, als es meine Landkarte vermittelt, und ich begreife, die Karte ist allenfalls ein Auszug, das Puzzleteil von etwas Größerem, in dem ich mich verlaufen kann.

Tobias Sommer

PINNEBERG, STEINBURG

Pinneberg und Steinburg sind so weit mehr als die Schlafgegenden im Speckgürtel von Hamburg. Wer schon einmal durch die Kremper Marsch mit ihren beeindruckenden Gehöften gefahren ist, das historische Glückstadt erlebt hat, die Drostei in Pinneberg besucht hat, in Schulau an der Elbe den Schiffen nachgewunken, in Sankt Margarethen am Elbdeich spazieren gegangen ist und auf den Spuren Barlachs in Wedel gewandelt ist, wird wissen, wie reichhaltig Kunst und Kultur in den Elbmarschen sind. Die prägende Kulturlandschaft zeigt sich nicht nur an den vielen Baumschulen. Die historische Landdrostei in Pinneberg hat sich zu einem wahren Kulturknotenpunkt für die Gegend entwickelt, mit Ausstellungen, Veranstaltungen und Beratung. Aber auch in der Vergangenheit tummelten sich hier Künstlerinnen und Künstler. Timm Kröger lebte zeitweise in Elmshorn. Das Herrenhaus Haseldorf bot Aufenthalt, Klopstock arbeitete hier und Rainer Maria Rilke. Und, was man nicht vergessen darf, weil es eigentlich nicht naheliegt, weder geographisch noch historisch (wie zum Beispiel die Elbinsel Pagensand, auf der Uwe Timm ein Jugendbuch spielen lässt): Zum Kreis Pinneberg gehört die Insel Helgoland mit ihrem unvergessenen Chronisten und herrlichen Dichter James Krüss. Wiewohl Helgoland viele Schriftstellerinnen und Schriftsteller in ihren Bann zog, sehr bekannt ist, dass Hoffmann von Fallersleben hier das Lied der Deutschen schrieb, ein Teil davon noch heute die deutsche Nationalhymne. August Strindberg heiratete auf der einzigen deutschen Hochseeinsel, Kafka war hier, natürlich der Marinedichter Gorch Fock und Theodor Lessing und Ernst Jünger, bei denen es sich eigentlich aus politischen Gründen verbietet, sie in einem Atemzug zu nennen.

Der benachbarte Kreis Steinburg mit seiner Kreisstadt Itzehoe bot ebenso vielen Künstlerinnen und Künstlern eine Heimat. Günter Kunert fand sie nach seiner Ausreise aus der DDR im idyllischen gelegenen alten Schulhaus von Kaisborstel, wo er mit einer Fülle von Katzen und blauen Vasen lebte und schrieb. Das ist hinlänglich bekannt. Was kaum jemand weiß, ist, dass Bazon Brock in Itzehoe zur Schule ging und mit 21 einen ersten Gedichtband veröffentlicht. Günter Grass kam für einige Jahre nach Wewelsfleth an die Elbe und verewigte das nahe Itzehoe in »Kopfgeburten oder Die Deutschen sterben aus«. Sein Haus wurde auch ein Treffen für viele Poetinnen und Poeten. Im nahen Borsfleth lebte Helmut Heißenbüttel ab 1981 und fand auch dort sein Grab. Vor allem die Kleinstadt Kellinghusen ist eng verbunden mit Detlev von Liliencron, der hier zunächst als Vogt, später als Schriftsteller lebte. Der Germanist Heinrich Spiero schrieb darüber: »Liliencrons Leselust kam die Kellinghusener Einsamkeit sehr zugute; er konnte in seiner Bildung manche Lücken ausfüllen, die ihm zum Bewusstsein kamen, und frischte alte Kenntnisse auf.« So inspirierend ist die Steinburger Landschaft. In dieser Einsamkeit blieb Liliencron fast zehn Jahre, bevor er nach Hamburg zog. Das Literaturhaus Schleswig-Holstein bewahrt sein Andenken heute durch die jährliche Liliencron-Poetikdozentur.

Wrist

Wenn irgendwo die Schrift erscheint
Hic habitant leones
dann ist vermutlich Wrist gemeint
Ich weiß es Ich bewohn es

Ich lebe hier im Zwischenreich
aus Himmeln und aus Mooren
Die Welt ist mir inzwischen gleich
Der Welt ging ich verloren

Hier werd ich sein wenn nichts mehr ist
nicht Löwe Land noch Karte
Die Ewigkeit sieht aus wie Wrist
Ich habe Zeit Ich warte

Heinrich Detering

Wunscherfüllung

Entgegen aller Aufgeklärtheit unserer Gegenwart gehen in letzterer immer noch Feen um. Freilich unauffälliger gekleidet als ehedem, weniger pompös und nur dezent modisch, so dass sie dem von ihnen Erwählten erst auffallen, sobald sie sich ihm unmittelbar präsentieren. Wie neulich in der kleinen Stadt Itzehoe in Schleswig-Holstein einem Geschäftsmann, vor den eine ältere Dame hintrat und den Ausweis zog, um sich als diensttuende Fee vorzustellen. Zwar war der Geschäftsmann äußerst überrascht, jedoch zugleich von der Legitimation überzeugt und außerdem erfreut, dass ihm, wie er vernahm, ein durch nichts begrenzter Wunsch freistehe. Bald lugte die Fee unauffällig auf ihre Armbanduhr, denn der Geschäftsmann – wie wohl jeder in seiner Lage – war in panisches Grübeln geraten, um durch diesen einen und einmaligen Wunsch auch ja ein Maximum an Erfüllung zu erreichen. Und obschon ihn die Fee warnte, dass der Wünschende leicht sich selber betrüge und schließlich ärmer als

vorher dastehe, glaubte der Geschäftsmann einen genialen Einfall
zu haben.

Günter Kunert

Jenseits und nördlich

Fern dem Bereich
donnernder Genitive
amtlicher Vulkane Auswurf
darunter alles Leben
erstirbt

Jenseits und nördlich
meines verlassenen Daseins
also liegen tröstliche Flächen
zwischen Meer und Meer
Sumpf und Marsch
Nässe und Nichts
Jeder Schritt
führt in die Stille
durchsetzt von kleineren Städten
die sich ihr beugen

Hier
Sind die bergenden Nebel zuhaus
und die Wikinger seit langem
archiviert

Günter Kunert

Maren

De Ogen so groot un blau un fraam, de Haar in twe dicke blanke
Flechten as en Kranz üm den Kopp leggt, Steern un Hals fien un
witt, de Backen as Samt so week mit twe lütte Kulen, wenn se
lach; darbi smeetsch un slank mit lütte Hannen und Fööt – nee,
garnich as den annern Buurdeerns, keen Buurroos mit bläuste-
rige Backen, – een Lillje weer se, bleek un fien und fee. Wosaken
keem he darbi? Wo kunn't angaan, dat se eren runden, weken
Arm leggen dee in sinen knökerigen? Dat weer in de provisori-
sche Tiet von achtunveertig. All, wat man Been harr un en Flint
dregen kunn, müß mit in den Krieg gegen die Dän. So waarn
de Mannslüüd in Dörp un Stadt recht knapp, de dar nableben,
weren Jungs un öllerhafte oder ole Lüüd. Paul Struck weer ok
woll al vör fievuntwintig Jaar insegent, un sein Raasjaren, wenn
he överhaupt wülk hatt harr, weern lang vörbi. He speel al en Jarer
fofftein Buur op den gröttsten Hoff in Ilenbeck un sloog sik mit
Huusholersch, Knechten un Deerns alleen dörch. To 't Frien weer
he noch ni kamen; wenn he mal en Toloop neem, so keer he doch
kort vör de Hochtiet wedder üm. Kathrien Harder un eer Geld
harr he hartensgeern friet, aver de schoov em bisiet un neem en
annern, de garnix harr. Siet de Tiet schien dat, als wenn he kopp-
schu waarn weer. De Lüüd geben dat op, em mit en Bruut to brü-
den, un de Deerns, de al wat an de öllerhafte Kant kamen weren,
waarn mööd, noch länger op em to luren. Op 'n mal weer se dar,
Maria Boysen. Dat gung so still un gau, dat nüms wat markt harr.
Dat ganze Dörp verschraak sik, un so 'n Schreck maakt argerlich
un dukk. De Lüüd tuscheln nix Godes un schullen, dat he noch
in sien Jaren narrsch noog weer, en Göör von achtein to frien
un darto noch wiet her! Wat weer 't denn för en Prinzessin? En

Schostersdochter ut Rendsborg? Denn von de Gegend weer se her. Nee, dat jüst nich, se weer en Buurdochter, aver dat stunn dar man wat pover in Huus, veel Kinner, Krankheit un Kröpelkram. Aver as se eer nu seen deen, kregen se doch dat Stillswigen, besunners de Mannslüüd. Dat weer en Deern as en Bloom ut en Grafengaarn, darbi so lies un fründlich, un wenn se anreedt waar, so harr se för jeden en paßlich Woort – dat se sogar den olen krüschen Paul üm de Eck dreit harr, weer to begripen.

Johann Hinrich Fehrs

Wanke nicht, mein Vaterland

1.
Schleswig-Holstein, meerumschlungen,
deutscher Sitte hohe Wacht!
Wahre treu, was schwer errungen,
bis ein schön'rer Morgen tagt!
Schleswig-Holstein, stammverwandt,
wanke nicht, mein Vaterland!
Schleswig-Holstein, stammverwandt,
wanke nicht, mein Vaterland!

2.
Ob auch wild die Brandung tose,
Flut auf Flut von Bai zu Bai:
O, lass blühn in deinem Schoße
deutsche Tugend, deutsche Treu'.
Schleswig-Holstein, stammverwandt,
bleibe treu, mein Vaterland!

Schleswig-Holstein, stammverwandt,
bleibe treu, mein Vaterland!

3.
Doch wenn inn're Stürme wüten,
drohend sich der Nord erhebt,
schütze Gott die holden Blüten,
die ein milder Süd belebt.
Schleswig-Holstein, stammverwandt,
stehe fest, mein Vaterland!
Schleswig-Holstein, stammverwandt,
stehe fest, mein Vaterland!

4.
Gott ist stark auch in den Schwachen,
wenn sie gläubig ihm vertrau'n;
zage nimmer, und dein Nachen
wird trotz Sturm den Hafen schau'n.
Schleswig-Holstein, stammverwandt,
harre aus, mein Vaterland!
Schleswig-Holstein, stammverwandt,
harre aus, mein Vaterland!

5.
Von der Woge, die sich bäumet
längs dem Belt am Ostseestrand,
bis zur Flut, die ruhlos schäumet
an der Düne flücht'gem Sand. –
Schleswig-Holstein, stammverwandt,
stehe fest, mein Vaterland!

Schleswig-Holstein, stammverwandt,
stehe fest, mein Vaterland!

6.
Und wo an des Landes Marken
sinnend blinkt die Königsau,
und wo rauschend stolze Barken
elbwärts ziehn zum Holstengau. –
Schleswig-Holstein, stammverwandt,
bleibe treu, mein Vaterland!
Schleswig-Holstein, stammverwandt,
bleibe treu, mein Vaterland!

7.
Teures Land, du Doppeleiche,
unter einer Krone Dach,
stehe fest und nimmer weiche,
wie der Feind auch dräuen mag!
Schleswig-Holstein, stammverwandt,
wanke nicht, mein Vaterland!
Schleswig-Holstein, stammverwandt,
wanke nicht, mein Vaterland!

Matthäus Friedrich Chemnitz

Tante Julia

Auf der Treppe, die ins Unterland führte, sah ich die große Ebbe,
von der Anneken so aufgeregt berichtet hatte und die bei sehr
starkem Ostwind manchmal eintrat: Dort, wo sonst Wasser war,

sah ich nun rote Felsplatten und Felsrippen, tangüberwachsen, und Kinder und erwachsene Leute genossen das Vergnügen, auf dem plötzlich trockenen Meeresgrund herumzulaufen und die leckeren, schwarzhäusigen Meeresschnecken zu sammeln, die auf der Insel Hölker hießen. Überall sah ich Leute mit Beuteln in der Hand, in denen sie Schnecken aufbewahrten. Es war ein kurioses Bild, zwischen all den Leuten die Landungsbrücke, die im Wasser erbaut war, plötzlich völlig sinnlos auf trockenen Felsen stehen zu sehen.

James Krüss

Politisch und privat

Und auch unser Lehrerpaar aus Itzehoe – das liegt bei Brokdorf – ist politisch, privat und überhaupt auf das mitteleuropäische Gesellschaftsspiel »Einerseits – andererseits« abgestimmt. Sie macht bei der FDP mit; er versorgt die umliegenden Ortsvereine der SPD mit Vorträgen zum Thema »Dritte Welt«. Beide sagen: »Einerseits haben die Grünen recht, doch andererseits bringen sie Strauß an die Macht.«

Das und noch mehr ist kaum auszuhalten im Kopf. Er vermisst die Perspektiven, sie eine Sinngebung allgemein. Ihre Launen, sein nachmittägliches Durchhängen. Sie wirft ihrem Vater vor, dass er den Hof »der Eierindustrie verscherbelt hat«; er will eigentlich seine Mutter, die in Hademarschen nur noch für sich sorgt, in den Lehrerhaushalt aufnehmen, sucht aber dennoch, nach seinen Worten »vernünftigerweise«, ein gut geführtes Altersheim. Sie, die prinzipiell auf Mutterschaft fixiert ist, sieht sich, seitdem der indische Subkontinent ihren Geographieunterricht belastet, wieder einmal dem Verzicht auf das Kind verpflichtet. Er, dem Schulkinder genug und zum Wochenende mehr als genug sind, meint neuerdings: »Also groß genug für drei ist unsere Altbauwohnung mit Gartenauslauf allemal, selbst wenn Mutter hierherzieht.«

Sie machen es sich nicht leicht. Das Kind bleibt Thema. Ob sie in Itzehoes Holstein-Center einkaufen oder sich auf den Elbdeich bei Brokdorf stellen, ob auf der Doppelmatratze oder bei der Suche nach einem neuen Gebrauchtwagen: immer spricht das Kind mit, schielt nach Babysächelchen, will immer über den Elbstrand krabbeln, wünscht sich beim Eisprung den belebenden Guss und fordert Autotüren mit Kindersicherung. Doch es bleibt beim Alsob und Angenommenwenn, wobei Harms Mutter (als Ersatzkind) mal in die Lehrerwohnung aufgenommen, dann wieder in ein Altersheim abgeschoben wird, bis ein vormittäglicher Schock die eingespurten Wechselreden entgleisen lässt.

Günter Grass

ANHANG

Autoren, Quellen

Andersen, Hans Christian
Geb. 1805 in Odense (Fünen), gest. 1875 in Kopenhagen; Für ihn war der Gesamtstaat Realität. Er war häufig in Schleswig-Holstein, etwa in Kiel, auf Schloss Breitenburg bei Itzehoe oder den nordfriesischen Inseln und Halligen – wo auch große Teile des Romans »Die beiden Baroninnen« spielen.
Elisabeth auf Oland, S. 39, in: Die beiden Baroninnen, 2018; © ars vivendi verlag GmbH & Co. KG, Cadolzburg 2005.
An der neuen Eisenbahn, S. 151, in: Die fünffache Seereise. Mit Hans Christian Andersen in Schleswig und Holstein. Neumünster/Hamburg 2014, S. 19; © Heinrich Detering.

Baggesen, Jens Imanuel
Geb. 1764 in Korsør (Seeland), gest. 1826 in Hamburg. Zweisprachiger Dichter in Dänemark und Schleswig-Holstein, damals im Gesamtstaat. An der Universität Kiel wurde er 1811 erster Professor für dänische Literatur. Er war ein großer Reisender, auch dieser Text entstammt einem Reisebericht (1789). Seine letzte Ruhestätte fand er auf dem Parkfriedhof Eichhof in Kiel.
In diesem Paradies, S. 101, in: Das Labyrinth oder Reise durch Deutschland und die Schweiz, München 1986, S. 32.

Ball-Hennings, Emmy
Geb. 1885 in Flensburg, gest. 1948 in Sorengo bei Lugano; Sie war eine exzentrische, außergewöhnliche Künstlerin, Sängerin, Dichterin, Schriftstellerin, Kabarettistin, Mitbegründerin des Dadaismus, Konvertitin, Ihre Herkunft aus Flensburg beschreibt sie in autobiographischen Schriften, mit ihrem Mann Hugo Ball emigrierte sie schon früh in die Schweiz.
Der weitgereiste Seemann, S. 46, in: Blume und Flamme, Einsiedeln 1938, S. 17–18.

Bandixen, Ocke
Geb. 1970 in Nordfriesland, Autor von Romanen und Kinder- und Jugendbüchern. Autor und Kulturredakteur bei NDR Info.
Fast kein Land, S. 25, in: Fast kein Land, S. 13–14, Hamburg 2011; © Ocke Bandixen.

Bang, Herman
Geb. 1857 in Asserballe auf Alsen, gest. 1912 in Ogden (USA); war Journalist, Feuilletonist und ein bekannter Romancier, lebte in Kopenhagen, Wien und Prag. Bang starb während einer Vortragsreise in den Vereinigten Staaten. Er lebte öffentlich seine Homosexualität und wurde deswegen auch angefeindet, in Dänemark prägte er den Impressionismus entscheidend.
Der Priester, S. 44, in: Aus der Mappe, Kiel/Hamburg 2014, S. 13.

Barlach, Ernst
Geb. 1870 in Wedel, gest. 1938 in Rostock; fand sein Grab auf dem Friedhof in Ratzeburg. Barlach verbrachte Teile seines Lebens in Schleswig-Holstein (Wedel, Ratzeburg), bevor er sich endgültig in Mecklenburg niederließ. Barlach war bildender Künstler und Schriftsteller zugleich, seine Werke (darunter auch Bühnenstücke) sind eng aufeinander bezogen. Die Kunst, Bildnisse wie Schriften, zeichnen sich häufig durch einen existenziellen Charakter aus.
Ratzeburger Zeit, S. 144, in: Ein selbsterzähltes Leben, Kritische Textausgabe, S. 23–24; © Ernst Barlach Gesellschaft, Hamburg 2006, © by Ernst Barlach Lizenzverwaltung Ratzeburg.

Becker, Jurek
Geb. 1937, gestorben 1997 in Sieseby, lebte viele Jahre in Berlin, begraben auf eigenen Wunsch auf dem Friedhof in Sieseby. Becker, bekannt geworden durch den Roman »Jakob der Lügner« und die Drehbücher zu »Liebling Kreuzberg« und »Wir sind auch nur ein Volk« erwarb 1990 ein Haus an der Schlei. Hier verstarb er im März 1997.
An Björn Engholm, S. 85, in: Ihr Unvergleichlichen, Briefe, S. 269; © Suhrkamp Verlag, Frankfurt am Main 2004.

Bekker, Gerrit

Geb. 1943 in Hamburg, Maler und Schriftsteller. Bekker studierte an der Muthesius Werkkunstschule in Kiel, seit 1967 Ausstellungen. 1982 erster Gedichtband, mehrere Auszeichnungen, u. a. Friedrich-Hebbel-Preis (1982) und Förderpreis des Landes Schleswig-Holstein (1984).

Rein nach Kiel, S. 97, in: Petersens Meerfahrt, S. 76; © 1982 by Claassen Verlag GmbH, Düsseldorf.

Hier ist Heide, S. 72, in: Petersens Meerfahrt, S. 8–9; © 1982 by Claassen Verlag GmbH, Düsseldorf.

Beyer, Marcel

Geb. 1965 in Taifingen, verbrachte aber einige Jugendjahre in Kiel; schreibt Lyrik, Essays und ist als Herausgeber tätig.

Dunkle Augen, S. 96, in: Falsches Futter; © Suhrkamp Verlag, Frankfurt am Main 1997.

Blumenberg, Hans

Geb. 1920 in Lübeck, gest. 1996 in Altenberge; Er ist einer der bedeutendsten Philosophen des zwanzigsten Jahrhunderts. Aus katholischer Familie stammend, wandte er sich von der der zunächst betriebenen Theologie ab, habilitierte sich in Philosophie und wurde Professor in Hamburg, Gießen, Bochum und zuletzt Münster. Blumenbergs Werk changiert zwischen philosophischer Reflexion und Schriftstellerei angesichts einer Fülle von Assoziationen und Bezügen in seinen Werken. Er betrieb eine kritische Auseinandersetzung mit dem Christentum, formulierte aus dem Kontext heraus jedoch den Kontingenzbegriff für die Gegenwart neu. Sein Nachlass befindet sich im Deutschen Literaturarchiv in Marbach.

Den Anfang zu denken, S. 128, in: Schiffbruch mit Zuschauer, S. 83; © Suhrkamp Verlag, Frankfurt am Main 1997.

Boëtius, Henning

Geb. 1939, wuchs auf Föhr und in Rendsburg auf. Schrieb zahlreiche Bücher, darunter »Der andere Brentano« (1985), »Der Gnom – Lichtenberg-Roman (1989), oder »Phönix aus der Asche« (2000). 2019 erschien in der Reihe »Signaturen« des Literaturhaus Schleswig-Holstein in der Reihe »Signaturen« ein Buch über ihn. Große Teile seines Romans »Der Insulaner« spielen in Schleswig-Holstein.

Amrum, S. 37, in: Der Insulaner, S. 72–73; © btb Verlag in der Verlagsgruppe Random House, München 2019

Boëtius, Matthias
Geb. vermutlich 1580 in Königsbüll (Alt-Nordstrand), evangelischer Pastor und Chronist. Er studierte Theologie in Rostock und Wittenberg, 1610 übernahm er die Pfarrstelle in Hersbüll auf Alt-Nordstrand. Er wurde Chronist der schweren Sturmfluten zu Beginn des 17. Jahrhunderts, die zum Untergang der Insel führten. Er starb 1625 in Evensbüll auf Nordstrand.
Die Überschwemmung von Nordstrand, S. 32, in: De cataclysmo Nordstrandico. Schleswig 1623, ediert in: Quellen und Forschungen zur Geschichte Schleswig-Holsteins, Bd. 25, Neumünster 1940, S. 144–146.

Boie, Kirsten
Geb. 1950 in Hamburg, lebt im Kreis Stormarn. Boie ist eine der profiliertesten zeitgenössischen Kinderbuchautorinnen, Mitglied im PEN-Zentrum Deutschland. Die promovierte Lehrerin musste aufgrund der Adoption ihres ersten Kindes die berufliche Tätigkeit aufgeben und begann daraufhin, Kinderbücher zu schreiben.
Dass Meer liegt grau, S. 148, in: Lena fährt auf Klassenreise, S. 60–61; © 2004 Verlag Friedrich Oetinger, Hamburg.

Bonsels, Waldemar
Geb. 1880 in Ahrensburg, gest. 1952 in Ambach; absolvierte seine Schulzeit in Kiel. Nach kaufmännischer Ausbildung und zeitweiser Tätigkeit in der Mission, wurde er Verleger und Schriftsteller, seine Werke *Die Biene Maja und ihre Abenteuer* sowie *Himmelsvolk* wurden zu den meistgelesenen Büchern im deutschen Sprachraum in den Zwanzigerjahren. Sein Werk ist nicht frei von antisemitischen und völkischen Tendenzen, eine Nähe zum Nationalsozialismus durch seine Tätigkeiten und späteren Publikationen eindeutig gegeben.
Hafengegend, S. 90, in: Tage der Kindheit, Gesammelte Werke Bd. 7, Stuttgart, S. 48–49; © 1992, Deutsche Verlags-Anstalt, München, in der Penguin Random House Verlagsgruppe GmbH.

Bote, Hermann

Geb. um 1450 in Braunschweig, gest. 1520 ebenda; war in Braunschweig Zoll- und Akziseschreiber, außerdem Verfasser von Spottgedichten. Das Eulenspiegel-Volksbuch, mit großem Erfolg seit 1510 verlegt, ist wahrscheinlich in Teilen von Hermann Bote zumindest mitverfasst. Angeblich liegt Till Eulenspiegel in Mölln begraben, diese nennt sich daher auch »Eulenspiegel-Stadt«.
Till Eulenspiegels Begräbnis, S. 142, in: zeno.org.

Boy-Ed, Ida

Geb. 1852 in Bergedorf, gest. 1928 in Travemünde; Sie wuchs als Tochter eines Zeitungsverlegers in Lübeck auf. Um sich künstlerisch zu befreien, verließ sie nach der Geburt Lübeck und zog nach Berlin. Dort arbeitete sie als Schriftstellerin, zog später aber der Kinder wegen zurück nach Lübeck. Sie schrieb Novellen und Romane und gewann in der Folge die nötige Würdigung ihres Werkes. Boy-Ed führte einen literarischen Salon in Lübeck. Obwohl selbst äußerst konservativ gesinnt, führt ihre selbstbestimmte Lebensweise zur Anerkennung der feministischen Literaturwissenschaft.
Lübeck als Geistesform, S. 129, in: Lübeck als Geistesform, Bad Schwartau 2006, S. 57.

Chemnitz, Matthäus Friedrich

Geb. 1815 in Barmstedt, gest. 1879 in Altona; studierte Jura in Kiel, ging anschließend als Staatsanwalt und Advokat nach Schleswig. Mitglied der Schleswiger Liedertafel. Zusammen mit Carl-Gottlieb Bellmann verfasste er das »Schleswig-Holstein-Lied«, das auf dem Schleswiger Sängerfest 1844 erstmals erklang.
Schleswig-Holstein-Lied, 1844, S. 168.

Christophersen, Jan

Geb. 1974 in Flensburg; schreibt Romane mit starkem Bezug zur Region. Lebt in Angeln.
Schneetage, S. 28, in: Schneetage; 2015, S. 300; © Mare Verlag, Hamburg 2009.
Geboren in Flensburg, S. 47; in: Echo, S. 219; © Mare Verlag, Hamburg 2014.

Claudius, Matthias
Geb. 1740 in Reinfeld, gest. 1815 in Wandsbek (Hamburg); der »Wandsbeker Bote«. War Dichter, Essayist und Redakteur. Obwohl zu Lebzeiten in ständiger wirtschaftlicher Bedrängnis, gilt Claudius bis heute als großer Autor, der sich intensiv mit Fragen der Religion, der Literatur und des Humanismus auseinandergesetzt hat. Sein »Abendlied« hat Volksliedcharakter.
Christiane, S. 145, in: Werke, 1965, S. 138.

Detering, Heinrich
Geb. 1959 in Neumünster, Literaturwissenschaftler und Lyriker; war Professor für Neuere deutsche Literatur in Kiel, jetzt Göttingen. Konvertit und Ständiger Diakon im Bistum Hildesheim.
Wrist, S. 164, in: Wrist; © Wallstein, Göttingen 2009.
Oktober, S. 81; in: Schwebstoffe, S. 42; © Wallstein Verlag, Göttingen 2004.

Ecker, Christopher
Geb. 1967 in Saarbrücken, lebt und arbeitet als Gymnasiallehrer in Heikendorf; verfasst Romane und Erzählungen. Träger des Friedrich-Hebbel-Preises.
Der Bahnhof von Plön, S. 124, in: Der Bahnhof von Plön, S. 389–390; © Mitteldeutscher Verlag, Halle (Saale) 2016.

Eschenburg, Harald
Geb. 1914 in Kiel, gest. 1988 ebd.; Buchhändler, Antiquar, Schriftsteller. Größere Bekanntheit erreichte er mit seiner populären Kiel-Trilogie, von der hier ein Text aus dem dritten Teil abgedruckt ist.
Kaum zu fassen, S. 93, in: Im Schlepp, 1985, S. 16; © Albrecht Knaus in Random House 1983.
Lübecker Marzipan, S. 138, in: Lübecker Marzipan, S. 35; © Husum Verlag, Husum 1984.

Fallada, Hans
Geb. 1893 in Greifswald, gest. 1947 in Berlin; lebte zeitweise in Neumünster, sein Roman »Bauern, Bonzen und Bomben« verarbeitet die Auseinandersetzungen um die schleswig-holsteinische Landvolkbewegung in der Stadt. Zeitlebens befand sich Fallada in der Spannung zwi-

schen seiner ausufernden Drogensucht und literarischer Genialität, die sich auch in den Erfolgen seiner Bücher niederschlug, von denen einige sogar verfilmt wurden.

Der Boykott, S. 156, in: Bauern, Bonzen und Bomben, S. 282–283; © Aufbau Verlag, Berlin, Weimar 1981.

Fehrs, Johann Heinrich

Geb. 1838 in Mühlenbarbek, gest. 1916 in Itzehoe. Niederdeutscher Schriftsteller. Sein Dorfroman *Maren* dürfte sein bekanntestes Werk sein. Heute kümmert sich die Fehrs-Gilde um die Förderung des Niederdeutschen sowie darum, die Werke Fehrs' in der Öffentlichkeit bekannt zu halten.

Maren, S. 167, in: Maren, Verlag der Fehrs-Gilde, Hamburg 1979, S. 5–6.

Fleming, Paul

Geb. 1609 in Hartenstein, gest. 1640 in Hamburg; Arzt und Schriftsteller. Einer der bedeutendsten deutschen Barockdichter. 1633 ging er nach Holstein, wo er Adam Olearius auf seine Reise nach Russland begleitete.

Auf des Fürstl. Holsteinischen Rats und Gesandten Geburtstag, S. 55, in: Deutsche Gedichte, Stuttgart 1986, S. 151.

Fontane, Theodor

Geb. 1819 in Neuruppin, gest. 1898 in Berlin; Schriftsteller, Journalist. Fuhr 1864 nach Kopenhagen, von wo aus er über den Deutsch-Dänischen Krieg schrieb. Der Roman »Unwiderbringlich« spielt zu großen Teilen im Herzogtum Schleswig, damals von Dänemark regiert.

Sylt und Föhr, S. 34, in: Der Schleswig-Holsteinische Krieg im Jahre 1864, Berlin 1866, S. 363–364.

Unwiderbringlich, S. 44, in: Unwiderbringlich, Stuttgart 1986, S. 13.

Geibel, Emanuel

Geb. 1815 in Lübeck, gest. 1884 ebd.; Dichter, Übersetzer und Dramatiker, Honorarprofessur für Poetik und Ästhetik in München. In frühen Jahren unternahm er ausgedehnte Reisen, später war er hauptsächlich in München und Lübeck ansässig. Seine Texte sind konservativ geprägt, wandten sich gegen Realismus, so im Dichterkreis »Krokodil«. Das heute umstrittene Schlagwort »Am deutschen Wesen mag die Welt genesen« stammt von Geibel.

Von Hügeln dicht umschlossen, S. 116, in: zeno.org.
Zu Lübeck auf der Brücken, S.137, in: deutschelyrik.de.

Grass, Günter
Geb. 1827 in Langfuhr (Danzig), gest. 2015 in Lübeck; Schriftsteller, No-
belpreisträger für Literatur (1999) und bildender Künstler. Der Roman
Die Blechtrommel machte Grass weltberühmt. Er war ein sehr politischer
Autor, der sich an aktuellen Debatten aktiv beteiligte. 2006 machte er
seine Mitgliedschaft in der Waffen-SS öffentlich. Seit 1987 in Behlendorf
(Herzogtum Lauenburg) ansässig.
Quallendichte, S. 120, in: Die Rättin, 1986, S. 65–65; © Steidl, Göttin-
gen 2020.
Das Wunder von Lübeck, S. 135 in: Die Rättin, 1986, S. 268–270; © Steidl,
Göttingen 2020.
Der Behlendorfer Forst, S. 142, in: Mein Jahrhundert, 1999, S. 370; © Steidl
Verlag, Göttingen 1999.
Politisch und privat, S. 171; in: Kopfgeburten oder Die Deutschen
sterben aus, in: GW, Neue Göttinger Ausgabe, Bd. 11, S. 15 f; © Steidl,
Göttingen 2020.

Groth, Klaus
Geb. 1819 in Heide, gest. 1899 in Kiel; Er gilt als der herausragende nie-
derdeutsche Schriftsteller, Dichter und Herausgeber. Aufgewachsen in
Dithmarschen wird er zunächst Lehrer in Heide, später auf Fehmarn.
Dort entstand sein bekanntestes Werk »Quickborn«. Ab 1853 in Kiel.
Der Nachlass von Klaus Groth wird in der Schleswig-Holsteinischen
Landesbibliothek aufbewahrt.
Ol Büsum, S. 22, in: Quickborn, Neumünster 1935, S. 130–131.
Mien Jungsparadies, S. 73, in: Mien Jungsparadies, Hamburg 2011,
S. 9.
Rauscht ihr Wogen (Festgedicht für Chorgesang zur Einweihung des
Nord-Ostsee-Kanals, 21. Juni 1895), S. 99, in: Gesammelte Werke, Bd. 4,
Kiel/Leipzig 1921, S. 305–306.

Hansen, Dörte
Geb. 1964 in Husum, arbeitete nach dem Studium in Kiel u. a. als NDR-
Redakteurin und Autorin. 2015 wurde ihr Roman »Altes Land« Jahres-
bestseller. Lebt in Husum.

Die Zeit der Bauern, S. 16, in: Mittagsstunde, S. 318–319; © Penguin in der Penguin Random House Verlagsgruppe, München 2018.
Winter in Brinkebüll, S. 31, in: Mittagsstunde, S. 106; © Penguin in der Penguin Random House Verlagsgruppe, München 2018.
Er war in Übung, S. 105, in: Mittagsstunde, 2018, S. 51; © Penguin in der Penguin Random House Verlagsgruppe, München 2018.

Hansen, Konrad
Geb. 1933 in Kiel, gest. 2012 in Heikendorf; Schriftsteller, Regisseur, Intendant. Seit 2014 wird der Konrad-Hansen-Preis vom Niederdeutschen Bühnenbund Schleswig-Holstein e. V. verliehen.
Rückkehr der Wölfe, S. 119, in: Rückkehr der Wölfe, S. 126; © 2020 Piper Verlag GmbH, München.

Harring, Harro
Geb. 1798 auf dem Ibenshof, gest. 1870 St. Hélier (Jersey), war Künstler, Dichter, Dramatiker und Dramaturg, Redakteur, Politiker und Revolutionär. Studierte in Kopenhagen und Dresden, engagierte sich in den europäischen Freiheitskämpfen vielerorts, Teilnehmer am Hambacher Fest. Harro war ständig unterwegs, viel auf der Flucht, teilweise bis nach Brasilien und nach New York, nachmals Redakteur in Rendsburg. Die letzten Jahre verbrachte er, leidend an Wahnvorstellungen, auf der Kanalinsel Jersey.
Mein Vaterland, S. 27. in: Mitteilungen der Harro-Harring-Gesellschaft 1.1982, S. 13.

Hebbel, Friedrich
Geb. 1813 in Wesselburen, gest. 1863 in Wien; Dichter und Dramatiker, aus armen Verhältnissen stammend, begann mit 15 Jahren erste Gedichte zu veröffentlichen. Später in Hamburg und Heidelberg und der vergebliche Versuch, einen akademischen Abschluss zu erlangen. Rege Reisetätigkeit, oftmals in prekären Verhältnissen lebend, ab 1845 in Wien.
Dieselben ängstlichen Verhältnisse, S. 74, in: Hebbel, Tagebücher, 2017, S. 139.

Heiberg, Hermann
Geb. 1840 in Schleswig, gest. 1910 ebd.; Schriftsteller. Absolvierte Buchhändlerlehre, gründete einen Verlag, wurde Journalist in Berlin, be-

tätigte sich im Banken- und Versicherungswesen. 1881 erschien sein erstes, sehr erfolgreiches Buch, »Plaudereien mit der Herzogin von Seeland«, wurde freier Schriftsteller, 1885 erschien »Apotheker Heinrich«. 1892 zog er zurück nach Schleswig.
Apotheker Heinrich, S. 57, in: Projekt-Gutenberg.org

Heimann, Bodo
Geb. 1935 in Breslau, Lyriker, Essayist und Literaturwissenschaftler; ab 1969 in Kiel als Professor für Neuere deutsche Literaturwissenschaft. Gründer des Euterpe Literaturkreises.
Westwärts, S. 75, in: Blaue Stunde, S. 63; © Bodo Heimann

Heise, Hans-Jürgen
Geb. 1930 in Bublitz, gest. 2013 in Kiel, Schriftsteller und Lyriker; Lektor an der Universität, Mitglied des PEN-Zentrums Deutschland.
Die Sprache des Windes, S. 82, in: Kiel im Gedicht, Kiel/Hamburg 2017, S. 38–39; © Annemarie Zornack, Kiel.

Helle, Helle
Geb. 1965 in Nakskov (DK), wuchs in Rødby auf. Für ihren Roman Røby-Puttgarden erhielt sie 2005 den Dänischen Kritikerpreis.
Rødby-Puttgarden, S. 119, in: Rødby-Puttgarden, Deutsch von Flora Fink. Zürich: Dörlemann 2010. Copyright deutschsprachige Ausgabe © Dörlemann AG, Verlag, Zürich.

Herms, Uwe
Geb. 1937 in Salzwedel, lebt in der Gemeinde Poppenbüll. Seine Werke wurden vielfach ausgezeichnet, seiner Wahlheimat setzte er in der erwähnten Erzählung ein literarisches Denkmal.
Das Haus in Eiderstedt, S. 26, in: Das Haus in Eiderstedt, 1985; © Uwe Herms.

Högsdal, Björn
Geb. 1975 in Köln, lebt bei Kiel; Slam-Poet und Moderator.
Der echte Norden, S. 94, in: Irgendwas mit Möwen, hg. von Michel Kühn, Björn Högsdal, Mona Harry, S. 15–17; © Klaas Jarchow Media Buchverlag GmbH & Co. KG, Hamburg 2019.

Hoyer, Anna Ovena

Geb. 1584 in Koldenbüttel, gest. bei Stockholm 1655; Dichterin der Barockzeit, ihr Werk hat starke religiöse Elemente, häufig mit mystischen Einflüssen.

Schreiben an die Gemeinden im Land Holstein, S. 27, in: zeno.org.

Huber, Lotti

Geb. 1912 in Kiel, gest. 1998 in Berlin; Schauspielerin und Tänzerin, verfasste Gedichte und Erzählungen.

Auf dem Rathausflur, S. 98, in: Bargeflüster, S. 65; © 1998 Deutscher Taschenbuch Verlag GmbH & Co. KG, München.

Humboldt, Wilhelm von

Geb. 1767 in Potsdam, gest. 1835 in Tegel; Humboldt war Gelehrter, Schriftsteller und Staatsmann in preußischen Diensten. 1796 unternahm er eine Reise, die von Berlin, entlang der Ostseeküste, bis nach Hamburg und Wandsbek führte.

Eutin liegt schön am See, S. 109, in: Tagebuch Wilhelm von Humboldts von seiner Reise nach Norddeutschland im Jahre 1796, Bern 1970, S. 66–67.

Eine überaus schöne Lage, S. 123; in: Tagebuch Wilhelm von Humboldts von seiner Reise nach Norddeutschland im Jahre 1796, Bern 1970, S. 80–81.

Jacobi, Friedrich Heinrich

Geb. 1743, gest. 1819 in München; Philosoph, Kaufmann, Schriftsteller. Jacobi lebte auf Anregung Graf Stolbergs zwischen Oktober 1798 und Mai 1805 in Eutin.

Alles so lüftig, S. 114, in: Woldemar. Eine Seltenheit aus der Naturgeschichte (1794), in: zeno.org.

Jensen, Wilhelm

Geb. 1837 in Heiligenhafen, gest. 1911 in Thalkirchen; Schriftsteller, Redakteur. Verfasste ein umfangreiches Werk an Romanen, Gedichten, Dramen und Novellen, eng befreundet mit Theodor Storm und Klaus Groth.

Die Wunder auf Gottorf, S. 565, in: Die Wunder auf Schloß Gottorp, Berlin 1893, S. 148.

Kehlmann, Daniel
Geb. 1975 in München, Schriftsteller. Einem größeren Publikum wurde er bekannt durch den Roman *Die Vermessung der Welt*. Er lebt z. Zt. in Berlin und New York.
Unter Gelehrten üblich, S. 63, in: Tyll, S. 347; © 2017 by Rowohlt Verlag GmbH, Reinbek bei Hamburg.

Kirsch, Sarah
Geb. 1935 in Limlingerode, gest. 2013 in Heide; Lyrikerin, zunächst in der DDR tätig, 1977 Übersiedlung nach West-Berlin und ab 1983 in Tielenhemme wohnhaft. Kirsch gehört zu den herausragenden Lyrikerinnen im deutschen Sprachraum. Eine Berufung in die Berliner Akademie der Künste sowie die Verleihung des Bundesverdienstkreuzes lehnte sie aus politischen Gründen ab, seit 2006 Ehrenprofessorin des Landes Schleswig-Holstein.
Winter has come, S. 23, in: Werke in fünf Bänden, Bd. 5, S. 178; © DVA, Stuttgart 1999.
Der leuchtende Landstrich, S. 76, in: Sämtliche Gedichte, S. 8; © 2005, Deutsche Verlagsanstalt, München, in der Penguin Random House Verlagsgruppe GmbH.
Die Flut, S. 76; in: Freie Verse, S. 74; © 2020 Manesse Verlag, Zürich, in der Penguin Random House Verlagsgruppe GmbH, München.

Knipphals, Dirk
Geb. 1963 in Kiel, wuchs ebendort auf und studierte dort und in Hamburg Literaturwissenschaft und Philosophie. Seit 1999 Literaturredakteur bei der taz, Berlin.
Woanders, S. 103, in: Der Wellenreiter, 2020, S. 59–60; © 2018 by Rowohlt-Berlin Verlag GmbH, Berlin.

Koeppen, Wolfgang
Geb. 1906 in Greifswald, gest. 1996 in München, veröffentlichte Romane, Erzählungen und vor allem Reiseberichte.
Reinfeld, S. 147, in: Gesammelte Werke in 6 Bänden, Bd. 4, S. 9; © Suhrkamp Verlag, Frankfurt/Main 1986.

Korschunow, Irina

Geb. 1925 in Stendal, gest. 2013 in München; Ihre zahlreichen Romane und v. a. auch ihre Kinder- und Jugendbücher waren äußerst erfolgreich. *Glück hat seinen Preis* (1983) war ihr erstes Buch für Erwachsene.

Bankhaus Assmann und Söhne, S. 95, in: Glück hat seinen Preis, 2020, S. 35–36; © Hoffmann & Campe Verlag, Hamburg 1983.

Kröger, Timm

Geb. 1844 in Haale, gest. 1918 in Kiel; Schriftsteller. Zunächst als Jurist u. a. in Flensburg und Kiel tätig, ab 1903 als freier Schriftsteller in Kiel.

Wie liebe ich sie!, S. 92, in: Landschaftsbilder von Th. Storm, T. Kröger, G. Frenssen u. a., Diesterweg, Frankfurt a. M. 1934, S. 7–8.

Krügel, Mareike

Geb. 1977 in Kiel, lebt an der Schlei; Schriftstellerin, Mitglied des PEN-Zentrums Deutschland.

Die Landschaft, S. 69, in: Die Tochter meines Vaters, S. 29; © Schöffling Verlag, Frankfurt am Main 2005.

Aber das Meer, S. 54, in: Sieh mich an, S. 181; © Piper Verlag GmbH, München 2017.

Die Tochter meines Vaters, S. 65, in: Die Tochter meines Vaters; © Schöffling Verlag, Frankfurt am Main 2005.

Sonnenaufgang, S. 68, in: Schwester, S. 24–25; © Piper Verlag GmbH, München 2021.

Musicalprojekt, S. 151, in: Sieh mich an, S. 123; © Piper Verlag GmbH, München 2017.

Krüss, James

Geb. 1926 auf Helgoland, gest. 1997 auf Gran Canaria; Schriftsteller und Dichter. Kinder- und Jugendjahre auf Helgoland, später Ausbildung als Lehrer und als freier Schriftsteller tätig, zunächst bei München, später auf Gran Canaria. Bekannt wurde Krüss durch Gedichte und Erzählungen besonders für Kinder, viele davon spielten auf der Insel Helgoland. In seinem autobiographischen Roman thematisierte er auch seine Homosexualität.

Tante Julia, S. 170, in: Sturm um Tante Julies Haus, S. 64; © Ravensburger, Ravensburg 1986.

Kruse, Iven
Geb. 1865 in Ruhwinkel, gest. 1926 in Rendsburg; Heimatschriftsteller mit literarischen und politischen Ambitionen; viele Jahre tätig als Journalist, befreundet u. a. mit Detlev von Liliencron, Richard Dehmel, Jacob Bödewaldt, Timm Kröger und Hermann Löns.
Das Herrenhaus, S. 153, in: Der dritte Bismarck, Neumünster 1925, S. 35.
Kattholt, S. 154, in: Salz und Brot, Neumünster 1998, S. 47–48.

Kunert, Günter
geb. 1929 in Berlin, gest. 2019 in Kaisborstel; Schriftsteller und Lyriker, schrieb Gedichte, Kurzgeschichten, Novellen und Essays. Nachkriegsjahre in Berlin, nach Eintreten für Wolf Biermann Ausreise aus der DDR 1979, seitdem in Steinburg ansässig.
Wunscherfüllung, S. 165, in: Im toten Winkel, S. 19–20; © Carl Hanser Verlag, München 1992.
Jenseits und nördlich, S. 166, in: Bei Itzehoe. Abtötungsverfahren, S. 85; © Carl Hanser Verlag, München 1980.

Lebermann, Hermann
Geb. 1645 in Lübeck, gest. 1705 ebd.; lutherischer Geistlicher, Pastor am Dom zu Lübeck, ab 1675 Mitglied im Pegnesischen Blumenorden (Nürnberg an der Pegnitz).
Eutin, dein Trost, S. 113, in: www.degruyter.de.

Lehmann, Wilhelm
Geb. 1882 in Puerto Cabello (Venezuela), gest. 1968 in Eckernförde; Dichter, Studienrat, schrieb Romane, Novellen, Beschreibungen, Gedichte, hier besonders Naturlyrik. Dem Nationalsozialismus stand Lehmann distanziert gegenüber, fast vergessen in seinen Werken, fand er nach dem Krieg die nötige Aufmerksamkeit und Rezeption.
Die Unterschiede des Landes, S. 84, in: Bukolisches Tagebuch und weitere Schriften zur Natur, S. 246–247; © Matthes & Seitz, Berlin 2017.
Fahrt über den Plöner See, S. 117, in: Gesammelte Werke, Band 1, Sämtliche Gedichte, ca. S. 412–428; © Klett-Cotta, Stuttgart 1982.

Lenz, Siegfried
Geb. 1926 in Lyck, gest. 2014 in Hamburg; Schriftsteller. Nach der Zeit in der Marine Flucht aus Ostpreußen nach Schleswig-Holstein, seit 1945

in Hamburg, Redakteur bei der Welt, seit 1951 freier Schriftsteller, Mitglied der Gruppe 47 und im PEN-Zentrum Deutschland, umfangreiches Œuvre, lebte in Hamburg, auf Alsen und in Tetenhusen.
Heimatmuseum, S. 61, in: Heimatmuseum; © Hoffmann & Campe, Hamburg 1978.
Frisch von der Ostsee heran, S. 52, in: Ein Bein für alle, in: Die Erzählungen, Hamburg 2006, S. 1130; © Hoffmann und Campe, Hamburg 1975.

Liliencron, Detlev von
Geb. 1844 in Kiel, gest. 1909 in Hamburg; Dichter und Dramatiker. Er war Hardesvogt auf Pellworm und Kirchspielvogt in Kellinghusen, schrieb naturalistische und romantische Texte. Von ihm stammt das Nordseegedicht »Trutz blanke Hans«.
Die Könige von Norderoog und Süderoog, S. 35, in: Zehn ausgewählte Novellen, Leipzig o. J.
Auf der Prüne, S. 102, in: Leben und Lüge, Kiel/Hamburg 2021, S. 42.
Leben und Lüge, S. 145, in: Leben und Lüge, Kiel/Hamburg 2021, S. 47–48.

Lobsien, Wilhelm
Geb. 1872 in Foldingbro, gest. 1947 in Niebüll; Schriftsteller, Lehrer in Hoyer und Kiel. Bekannt als »Halligdichter«, Mitglied im nationalsozialistischen Eutiner Dichterkreis.
Bleigrau, S. 31, in: Der Halligpastor, Boyens Buchverlag, 1996, S. 5.

Lornsen, Boy
Geb. 1922 in Keitum, gest. 1995 ebd.; Schriftsteller und bildender Künstler. Lornsen arbeitete lange als Bildhauer in Brunsbüttel, verfasste überwiegend Kinder- und Jugendliteratur, die auch teilweise verfilmt wurde.
Tütermoor, S. 29, in: Robbi, Tobbi und das Fliewatüüt, 1967. © Thienemann 1997.
Ein Sylter Mann, der heimgekehrt, S. 24, in: Geschichten aus Schleswig-Holstein; © 2007 by Boyens Medien GmbH & Co. KG.

Mann, (Luiz) Heinrich
Geb. 1871 in Lübeck, gest. 1950 in Santa Monica (USA); Schriftsteller. In Lübeck aufgewachsen, verließ er die Stadt für ein Volontariat und eine (abgebrochene) Buchhändlerlehre und kehrte nie wieder zurück.

Er galt als politischer und profilierter Autor im späten Kaiserreich und der Weimarer Republik. Emigration 1933, zunächst in Frankreich, später in Kalifornien. Gründungspräsident der »Deutschen Akademie der Künste« in Ost-Berlin, konnte jedoch aufgrund seines frühen Todes das Amt nicht mehr antreten.
Ich bin aus Lübeck, S. 133, in: Das Kind. Geschichten aus der Familie, S. 85; © Fischer Taschenbuch Verlag GmbH, Frankfurt am Main 2001.

Mann, (Paul) Thomas
Geb. 1875 in Lübeck, gest. 1955 in Zürich; Schriftsteller. Kam über seinen Bruder H. in die literarische Umgebung, verarbeitete die Herkunft aus dem Bürgertum Lübecks in seinem Hauptwerk »Buddenbrooks«, 1929 Verleihung der Literatur-Nobelpreises. 1933 Emigration nach Frankreich, in die USA und letztlich in die Schweiz. Sein »Werk stellt wohl die bedeutendste Prosaleistung in der deutschen Literatur des 20. Jh. dar«. (Manfred Dierks)
Lübeck als Lebensform, S. 132, in: Lübeck als geistige Lebensform, Verlag Ott Quitzow, Lübeck 1926, S. 35–37.

Meyerhoff, Joachim
Geb. 1967 in Homburg (Saar); Schauspieler, Schriftsteller, lebt in Berlin. Aufgewachsen in Schleswig-Holstein.
Wann wird es endlich wieder so, S. 66, in: Wann wird es endlich wieder so, wie es nie war, 2015, S. 37–38; © 2013, 2015, Verlag Kiepenheuer & Witsch, Köln.

Missfeldt, Jochen
Geb. 1941 in Satrup, lebt in Süderbrarup, Schriftsteller. Nach seiner Arbeit als Kampfpilot begann Missfeldt, Gedichte, Erzählungen und Romane zu schreiben, außerdem verfasste er eine Storm-Biographie. Mitglied im PEN-Zentrum Deutschland.
Hindenburgdamm, S. 38, in: Zwischen Oben und Capa Frasca, Langewiesche-Brandt, Ebenhausen 2004; © C. H. Beck, München 2010.
Solsbüll, S. 59, in: Solsbüll, S. 72–74; © 2017 by Rowohlt Verlag GmbH, Reinbek bei Hamburg.
Der schwerttragende Engel, S. 104, in: Solsbüll, S. 346; © 2017 by Rowohlt Verlag GmbH, Reinbek bei Hamburg.

Mommsen, Theodor

Geb. 1817 in Garding, gest. 1903 in Berlin, Historiker; Studium der Jurisprudenz in Kiel, besonderes Interesse am römischen Rechtssystem. Zunächst Lehrer in Altona, während der Revolution 1848 zunächst Redakteur, im selben Jahr noch Professor in Leipzig. Später in Zürich und Breslau, dann in Berlin. Dort auch Rektor der Universität, Mitglied des Reichstages. Für seine »Römische Geschichte« erhielt er 1902 den Literatur-Nobelpreis.
Die Schlacht bei Schleswig, S. 56, in: Reden und Aufsätze, Berlin 1905, S. 363.

Morgenstern, Christian

Geb. 1871 in München, gest. 1914 in Untermais (A), Schriftsteller und Übersetzer; sein Leben war geprägt durch eine Tuberkulose-Erkrankung, daher auch Kuraufenthalte in Schleswig-Holstein und rege Reisetätigkeit. Stark beeinflusst durch Rudolf Steiner und dessen Anthroposophie.
Sylt-Rantum, S. 33, in: Gesammelte Werke 2017; © Piper Verlag GmbH, München 1965.

Mühsam, Erich

Geb. 1878 in Berlin, ermordet 1934 im KZ Oranienburg; Schriftsteller; aus jüdischer Familie stammend wuchs er in Lübeck auf. Später in München und Berlin. Umfangreiches politisches Engagement, verfolgte anarchistische und sozialistische Ideen. Zeitweise Haftaufenthalte, kurz vor seiner Flucht Verhaftung durch die SA, ermordet nach langer Folterung im KZ Oranienburg.
Meine Heimat, meine Kindheit!, S. 130; in: Werke Bd. 1, Volk & Welt Verlag, Berlin 1978, S. 298.

Niebuhr, Barthold Georg

Geb. 1776 in Kopenhagen, gest. 1831 in Bonn, Historiker; Sohn des Orientreisenden Carsten Niebuhr; aufgewachsen in Meldorf, gilt als einer der Väter der modernen Geschichtsschreibung.
Unerhörte Absonderung, S. 575, Brief von Carsten Niebuhr an Friedrich Heinrich Jacobi, 21.11.1811, in: Barthold Georg Niebuhr, Die Briefe (Hg. Gerhard, Dietrich/Norvin, William), Bd. 2, 1809–1816, Berlin 1926, S. 237.

Niese, Charlotte
Geb. 1854 in Burg auf Fehmarn, gest. 1935 in Altona, Schriftstellerin; eine der bekanntesten holsteinischen Heimatschriftstellerinnen, lebte und arbeitete seit 1884 in Altona. In ihrem Werk »Aus dänischer Zeit« verarbeitet sie Kindheitserinnerungen aus Fehmarn.
Aus dänischer Zeit, S. 115, 1892/94, in: Projekt-Gutenberg.org.

Nolde, Emil
Geb. 1867 in Nolde, gest. 1956 in Seebüll; Maler. Der deutschen Minderheit in Nordschleswig entstammend, war er dänischer Staatsbürger. Nach Ausbildung und Arbeit u. a. in Flensburg und später in Berlin, seit 1930 im eigens erbauten Haus Seebüll. Sein Verhalten in der NS-Zeit ist mittlerweile umstritten, es gilt als gesichert, dass er sich den Machthabern angedient hat. Er selbst gerierte sich im Nachhinein als Opfer.
Das fröhlichste und schönste Leben, S. 50, in: Jahre der Kämpfe. 1902–1914, hrsg. von der Stiftung Seebüll Ada und Emil Nolde, Berlin 1934, 2. überarb. Aufl. Flensburg 1958, S. 23–24.
Es sind die Bewohner von Alsen, S. 51, in: Das eigene Leben. Die Zeit der Jugend. 1867–1902, hrsg. von der Stiftung Seebüll Ada und Emil Nolde, Berlin 1931, 2. überarb. Aufl. Flensburg 1949, S. 24–25

Overbeck, Christian Adolph
Geb. 1755 in Lübeck, gest. 1821; Dichter. Overbeck war Lübecker Bürgermeister, Aufklärer, Übersetzer und Verfasser von Gedichten und Komponist.
Fischerlied, S. 134, in: Sammlung Vermischter Gedichte, 1794, S. 23–25.

Paluch, Andrea
Geb. 1970 in Langenhagen, lebt in Flensburg; Schriftstellerin und Übersetzerin, verfasst Romane und Kolumnen.
Grenzen werden zu Horizonten, S. 48, in: Wundervolles Dorfleben, S. 18–21; © 2015 Boyens Medien GmbH & Co KG.

Paulsen, Friedrich
Geb. 1846 in Langenhorn bei Niebüll, gest. 1908 in Steglitz bei Berlin, Pädagoge und Philosoph; erster Pädagogik-Professor Deutschlands, gilt mitunter als geistiger Vater des modernen Gymnasiums.
Heimat und Elternhaus, S. 20; in: Aus meinem Leben (1909), zeno.org

Pellicer, Johann Georg
Geb. 1636, gest. 1682, Domherr und Dichter; Mitglied des Eutiner Kollegienstifts, später auch einen Sitz als Eutiner Domherr. Obwohl von einiger literarischer Produktivität, wurde von seinem Werk nur relativ wenig gedruckt.
Am Strand des Ozeans, S. 110, in: Balthis Oder Etlicher an dem Belt weidenden Schäffer des Hochlöblichen Pegnesischen Blumen-Ordens Lust-Ehren-Gedichte (1674).

Peters, Friedrich Ernst
Geb. 1890 in Luhnstedt, gest. 1962 in Schleswig, Schriftsteller und Taubstummenlehrer in Schleswig. Er schrieb sowohl Plattdeutsch als auch Hochdeutsch und war viele Jahre mit einigen Werken in den Schul-Lesebüchern Schleswig-Holsteins vertreten. Der Geschichte seines Heimatdorfs Luhnstedt widmete er einen wichtigen niederdeutschen Roman, »Baasdörper Krönk«.
Die Versuchung des Hans Brüggemann, S. 58, in: Ausgewählte Werke, Bd. 1, Gedichte, Hamburg 1958, S. 152.

Petersdorff, Dirk von
Geb. 1966 in Kiel, wo er auch Germanistik und Geschichte studierte. Schriftsteller, Professor für Neuere Deutsche Literatur in Jena. Ausgezeichnet u. a. mit dem Friedrich-Hebbel-Preis (1993), dem Kleist-Preis (1998), der Liliencron-Dozentur (1999), übernahm 2008/2009 die Mainzer Poetik-Dozentur.
Ernüchterung in Kaltenkirchen, S. 158, in: Lebensanfang, S. 29–30; © C. H. Beck, München 2007.

Plievier, Theodor
Geb. 1892 in Berlin, gest. 1955 in Avengno (CH). Erste Romane aus eigenem Erleben über die Kaiserliche Marine und die Revolution in Kiel. Im Dritten Reich verfolgt, emigrierte er. 1945 erschein sein Roman *Stalingrad* erstmals in Buchform und wurde ein internationaler Bestseller.
Revolution in Kiel, S. 83, in: Der Kaiser ging, die Generäle blieben, S. 161; © Wachholtz Verlag, Kiel/Hamburg 2018.
Die Fahrt durchs Land, S. 157, in: Der Kaiser ging, die Generäle blieben, S. 219–220; © Wachholtz, Kiel/Hamburg 2018.

Raabe, Wilhelm

Geb. 1831 in Eschershausen, gest. 1910 in Braunschweig, Schriftsteller des Realismus; In der Novelle *Deutscher Mondschein* verarbeitet Raabe Eindrücke eines Badesommers auf Sylt 1867.
Deutscher Mondschein, S. 36, in: Sämtliche Werke, Braunschweiger Ausgabe, Bd. 9.2, Göttingen 1976, S. 379.

Raddatz, Fritz J.

Geb. 1931 in Berlin, gest. 2015 in Pfäffikon (CH); Redakteur, Journalist, Herausgeber, Essayist, übersiedelte 1958 aus der DDR in die Bundesrepublik, arbeitete später u. a. für den Rowohlt Verlag und für die ZEIT. Raddatz war eng verbunden mit der Insel Sylt.
Und nun das Wetter, S. 35, in: Mein Sylt, S. 197–198; © Mare Verlag, Hamburg 2006.

Ransmayr, Christoph

Geb. 1954 in Wels (A), lebt in Cork (EIR); Schriftsteller. Schreibt Romane und literarische Reiseberichte.
Ein Leben auf Hooge, S. 40, in: Der Weg nach Surabaya, 1997, © S. Fischer Verlag GmbH, Frankfurt am Main 1997.

Rautenberg, Arne

Geb. 1967 in Kiel, Schriftsteller, Lyriker und Künstler. Mitglied der Deutschen Akademie für Kinder- und Jugendliteratur.
verlangsamt in den kieler winter, S. 87; © Arne Rautenberg.
Der Sperrmüllkönig, S. 88, in: Der Sperrmüllkönig, S. 116–117; © Hoffmann & Campe, Hamburg 2002.

Reventlow, Franziska zu

Geb. 1871 in Husum, gest. 1918 in Muralto (CH), Schriftstellerin; entzog sich früh aus der Familie, wollte Malerin werden, begann zu schreiben und zu übersetzen, um Geld zu verdienen. Bewegte sich im Umkreis der Schwabinger Boheme in München. Ab 1909 in Ascona ansässig (CH).
Nach Jahren, S. 19, in: Sämtliche Werke, Bd. 5, Oldenburg 2004, S. 46.

Rothmann, Ralf

Geb. 1953 in Schleswig. Rothmann wuchs auf dem Gut Fahrenstedt bei Böklund (Südangeln) auf, bis er im Alter von fünf Jahren mit seiner

Familie nach Oberhausen zog. In seinem Werk thematisiert er immer wieder Erinnerungen und Geschichten aus Schleswig-Holstein.
Hotel der Schlaflosen, S. 70, in: Hotel der Schlaflosen, Suhrkamp, S. 201. © Suhrkamp Verlag, Berlin 2020.
Das ist die Ostsee, S. 64, in: Rehe am Meer, S. 124–125; © Suhrkamp Verlag, Frankfurt am Main 2006.

Rühmkorf, Peter
Geb. 1929 in Dortmund, gest. 2008 in Roseburg, Lyriker; aufgewachsen im Hadelner Land, das Lehramtsstudium brach er ab, später Lektor bei Rowohlt. Anschließend freier Schriftsteller in Hamburg. Später Umzug nach Herzogtum Lauenburg, Mitglied des PEN-Zentrums Deutschland und der Gruppe 47.
Die Feuerfee, S. 146, in: Werke, Bd. 4, Die Märchen, S. 231; © 2007 Rowohlt Verlag GmbH, Reinbek bei Hamburg.

Runge, Doris
Geb. 1943 in Carlow; Lyrikerin, lebt und arbeitet in Cismar. Seit 1952 in Schleswig-Holstein, Vorsitzende des Vereins »Literatur im Weißen Haus«.
Hinterm Deich, S. 18, in: Zwischen Tür und Engel, Gesammelte Gedichte, S. 11; © (Der Vogel der morgens singt) Deutsche Verlagsanstalt in der Verlagsgruppe Penguin Random House, München 1985.
Café Niederegger, S. 138; in: Zwischen Tür und Engel, Gesammelte Gedichte, S. 29; © (Jagdlied) DVA in der Verlagsgruppe Penguin Random House, München 1985.
Die Mönche von C, S. 124, in: Zwischen Tür und Engel, Gesammelte Gedichte, S. 39; © (kommt zeit) DVA in der Verlagsgruppe Penguin Random House, München 1988.
Dom zu Ratzeburg, S. 143, in: Zwischen Tür und Engel, Gesammelte Gedichte, S. 63; © (wintergrün) DVA in der Verlagsgruppe Penguin Random House, München 1991.

Saalberg, Christian
Geb. 1926 in Hirschberg (Riesengebirge), gest. 2006 in Kronshagen, Jurist und Lyriker; Für sein Werk erhielt er zahlreiche Auszeichnungen.
Das Schloss vor Husum, S. 22, in: In der dritten Minute der Morgenröte, S. 31–35; © Schöffling & Co. Verlagsbuchhandlung GmbH, Frankfurt am Main 2019.

Revolution in Lütjenburg, S. 123, in: In der dritten Minute der Morgenröte, S. 37–42; © Schöffling & Co. Verlagsbuchhandlung GmbH, Frankfurt am Main 2019.

Schamoni, Rocko

Geb. 1966 in Lütjenburg, Musiker, Schriftsteller, Schauspieler und Clubbetreiber, lebt in Hamburg.
Verfluchtes Büsum, S. 30, in: Dorfpunks, S. 200–201; © Rowohlt Verlag, Reinbek 2004
Schmalenstedt, S. 120, in: Dorfpunks, S. 9; © Rowohlt Verlag, Reinbek 2004.
Der Sachsenstein, S. 121, in: Dorfpunks, S. 134–135; © Rowohlt Verlag, Reinbek 2004.

Schnurre, Wolfdietrich

Geb. 1920 in Frankfurt am Main, gest. 1989 in Kiel, Schriftsteller; bekannt v. a. durch seine gesellschaftlich engagierten Kurzgeschichten und Romane. Für sein Werk erhielt er zahlreiche Auszeichnungen darunter 1983 den Georg-Büchner-Preis und 1989 den Kulturpreis der Stadt Kiel. In den letzten Jahren seines Lebens lebte er in Felde.
Auf Tauchstation, S. 89, in: Funke im Reisig, S. 264; © Berlin Verlag, Berlin 2010.

Schulz, Frank

Geb. 1957 in Hagen bei Stade, Schriftsteller; bekannt v. a. durch seine »Hagener Trilogie«; Sein Werk erhielt zahlreiche Auszeichnungen, darunter den Hubert-Fichte-Preis (2004) und den Kranichsteiner Literaturpreis (2012).
Amrumer Mumpfen, S. 41 in: Mehr Liebe. Heikle Geschichten; © Verlag Kiepenheuer & Witsch GmbH & Co. KG, Köln 2010.

Seume, Johann Gottfried

Geb. 1763 in Poserna, gest. 1810 in Teplitz. Rund zwei Jahre nach seiner berühmten Italienreise (*Spaziergang nach Syrakus,* 1803), befuhr Johann Gottfried Seume zwischen März und September auch Ost- und Nordeuropa. Auf dem Rückweg kam er 1805 durch Schleswig-Holstein.
Hat mein Mut die höchste Flut, S. 100, in: Mein Sommer, 1806.

Sommer, Tobias
Geb. 1978 in Bad Segeberg, Veröffentlichungen von Erzählungen und Gedichten in zahlreichen Anthologien und Einzelpublikationen. 2013 Literaturförderpreis der Stadt Hamburg, 2014 Teilnahme am Ingeborg-Bachmann-Wettbewerb in Klagenfurt. Tobias Sommer ist Finanzbeamter und lebt in Bad Segeberg.
Kurze Tage, in: Jagen 135, S. 160; © Septime Verlag, Wien 2015.

Stolberg, Friedrich Leopold Graf zu
Geb. 1750 in Bramstedt, gest. 1819 in Sondermühlen. Verfasser von Oden, Balladen, Dramen und Reisebeschreibungen. Umfangreiche Publikationsarbeit, seine umfangreiche Korrespondenz ist Beleg für seine hervorragenden Kontakte in der deutschen Geisteswelt seiner Zeit.
In diesen schönen Gegenden, S. 111, Briefe an Katharina Stolberg (9.8.1776, in: Briefe, Neumünster 1966, S. 76), an Christian Stolberg (13.8.1776, in: Briefe, Neumünster 1966, S. 77), an Friedrich Gottlieb Klopstock (10.5.1779, in: Briefwechsel Klopstock/Stolberg, Neumünster 1964, S. 199/200).

Storm, Theodor
Geb. 1817 in Husum, gest. 1888 in Hanerau-Hademarschen, Schriftsteller des Realismus; Sein nach wie vor sehr beliebtes Œuvre wird in Schleswig-Holstein gepflegt und erforscht u. a. von der Theodor-Storm-Gesellschaft in Husum, wo sich auch das ihm gewidmete Museum in einer seiner ehemaligen Wohnstätten befindet.
Der Schimmelreiter, S. 17, in: Storms Werke, Salzburg 1985, Bd. 2, S. 455–456.
Meeresstrand, S. 20, in: Storms Werke, Salzburg 1985, Bd. 1, S. 70.
Die Stadt, S. 24, in: Storms Werke, Salzburg 1985, Bd. 1, S. 69.
Eine kleine Stadt, S. 108, in: Storms Werke, Salzburg 1985, Bd. 2, S. 364.
Westermühlen, S. 91, in: Storms Werke, Salzburg 1985, Bd. 1, S. 69.
Auf dem Segeberg, S. 152, in: staff.uni-mainz.de.

Stricker, Johannes
Geb. um 1540 in Grube (Holstein), gest. 1559 in Lübeck, lutherischer Pastor und Dramatiker; Sein Werk »Der düdesche Schlömer« (Der deutsche Schlemmer) gilt als bedeutendes Sprachdenkmal des Mittelniederdeutschen.

Der deutsche Schlemmer, S. 109, in: De düdesche Schlömer. Ein nieder-
deutsches Drama, Leipzig/Soltau 1889, S. 14.

Ulmann, Elisabeth von
Geb. 1929 in Kiel, gest. 2005 ebd.; Schriftstellerin, Lyrikerin, Schauspie-
lerin und Regisseurin.
Aufforderung, S. 93, in: Gedichte und Kurzprosa, S. 20; © Verlag Dieter
Broschat, Hohenwestedt 1993.

Voigt-Diederichs, Helene (Helena Theodora)
geb. 1875 in Marienhof bei Sieseby, gest. 1961 in Jena; Schriftstellerin. Ihr
Werk war stark geprägt durch die Schleswig-Holsteinische Landschaft
und ihre Autobiographie. Sie war Mitglied im Eutiner Dichterkreis, ihre
Positionierung im Nationalsozialismus ist umstritten.
Sommerglück, S. 86, in: Unterstrom, Diederichs, 1901, S. 51.

Voß, Johann Heinrich
Geb. 1751 in Sommerstorf, gest. 1826 in Heidelberg. Besuchte in Penzlin/
Mecklenburg die Stadtschule, entwickelte hier starke Neigung zum Selbst-
studium. Ab 1772 Studium in Göttingen, eigene Dichtungen und Aufnahme in den »Göttinger Hain«. Hier Bekanntschaft zu den Brüdern Stolberg, Eutin, 1775 Umzug nach Wandsbek. 1782 nahm er die von Stolberg
vermittelte Rektorstelle in Eutin an, hier lebte er rund 20 Jahre. 1783 entstand hier eines seiner bekanntesten Werke, »Luise« (Buchausgabe 1795).
Luise, S. 112, in: zeno.org.

Zaimoglu, Feridun
Geb. 1964 in Bolu (TR), lebt und arbeitet in Kiel; Schriftsteller und bilden-
der Künstler und Theaterautor. Mitglied im PEN-Zentrum Deutschland.
Von dem seltsamen Glück, S. 98, in: Liebesbrand, S. 129; © Kiepeneuer &
Witsch, Köln 2009.
Liebesbrand, S. 159, in: Liebesbrand, S. 151; © Kiepenheuer & Witsch,
Köln 2009.

Ziegler, Ulf Erdmann
geb. 1959 in Neumünster; Schriftsteller. Zunächst Redakteur bei der taz,
verfasst Romane und Essays, befasst sich mit Kunst und Fotografie, lebt
in Frankfurt am Main.

Alles, was von Bedeutung war, S. 150, in: Wilde Wiesen; © Wallstein Verlag, Göttingen 2007.

Einfeld, S. 157, in: Wilde Wiesen, S. 60–61; © Wallstein Verlag, Göttingen 2007.

Zornack, Annemarie

Geb. 1932 in Aschersleben, Lyrikerin; 1998 erhielt sie den Kulturpreis der Stadt Kiel. Sie lebt in Kiel.

sailor und matrosenbraut, S. 83, in: morgenmantel-kapriolen. ausgewählte gedichte. Liebe, Weilerswist 2013, S. 60; © Annemarie Zornack

NAMENSREGISTER

ORTSREGISTER

ÜBER DIE HERAUSGEBER

Olaf Irlenkäuser, geboren 1966, wurde nach dem Abitur zunächst Sortimentsbuchhändler. Nach dem Studium der Slavistik, Germanistik und Osteuropäischen Geschichte schlug er eine Verlagslaufbahn ein. Nach einigen Stationen in literarischen Lektoraten deutscher Verlage sowie als freier Autor ist er seit 2012 Geschäftsführer des Wachholtz Verlages, Kiel/Hamburg.

Martin Lätzel, geboren 1970, studierte nach dem Abitur an der Ruhr-Universität Bochum. Seit 1996 in Kiel ansässig. Nach einer Tätigkeit beim katholischen Erzbistum Hamburg Verbandsdirektor des Landesverbandes der Volkshochschulen Schleswig-Holsteins, stellvertretender Abteilungsleiter der Kulturabteilung des Landes Schleswig-Holstein, seit 2019 Direktor der Schleswig-Holsteinischen Landesbibliothek. Honorarprofessor an der Fachhochschule Kiel.